留学生专业汉语系列教程

丛书主编　龙又珍

中南财经政法大学本科留学生课程体系建设及教学资源开发项目（114/31410011401）成果

中南财经政法大学留学生跨文化交际难点及其教学项目（114/21431211401）成果

人文汉语

主　编　龙又珍　王　星
副主编　肖颖超　熊　梅

WUHAN UNIVERSITY PRESS

武汉大学出版社

图书在版编目（CIP）数据

人文汉语/龙又珍,王星主编;肖颖超,熊梅副主编. —武汉:武汉大学出版社,2024.5
　　留学生专业汉语系列教程/龙又珍主编
　　ISBN 978-7-307-24328-6

　　Ⅰ.人… Ⅱ.①龙… ②王… ③肖… ④熊… Ⅲ.人文素质教育—汉语—对外汉语教学—教材 Ⅳ.H195.4

中国国家版本馆 CIP 数据核字（2024）第 056176 号

责任编辑:白绍华　　　　责任校对:汪欣怡　　　　版式设计:韩闻锦

出版发行:**武汉大学出版社**　　（430072　武昌　珞珈山）
　　　　　（电子邮箱:cbs22@whu.edu.cn 网址:www.wdp.com.cn）
印刷:武汉中科兴业印务有限公司
开本:787×1092　1/16　　印张:10.75　　字数:252 千字　　插页:1
版次:2024 年 5 月第 1 版　　2024 年 5 月第 1 次印刷
ISBN 978-7-307-24328-6　　　　定价:49.00 元

总　序

　　"留学生专业汉语系列教程"是一套面向中级汉语水平来华留学生的汉语教材，适用于在中国接受本科或研究生相关专业学历教育以及对中国人文、法律、经济等领域感兴趣的留学生或相关教研人员、业余爱好者。

　　教学实践表明，留学生在中文授课语境中学习专业课时，会面临专业词汇、特有句式以及文化背景差异等鸿沟，而 HSK 四级或五级水平仅能满足留学生日常生活需要，无法使其顺利实现从生活汉语到专业汉语的过渡。此外，近年来教育部强调要加强对来华留学生中国法律法规、国情校情和文化风俗等方面的教育，增进中外学生的交流和友谊，增强来华留学生对中国发展的理解和认同，讲好中国故事，传播好中国声音。因此，在上述背景下，我们尝试编写一套关于中国文化、法律、经济等领域的专业汉语教材，既能促使留学生提升相关专业汉语水平，又能增进其对中国文化、法律、经济领域的了解。

　　该系列教程包括《人文汉语》《法律汉语》《经济汉语》三部教材，每部教材各 15 章。为确保教材的专业性和实用性，每部教材的编写团队由专业学院教师和对外汉语教师共同组成。教材整体设计思路和体例大致相同，具体内容根据不同学科的特点略有差异。教材选文来自相关专业期刊论文、科普性文章、新闻报道及具体案例，我们根据留学生的汉语水平对选文语言进行了适当改编，使之既不失作者原意，又适应于对外汉语教学。此外，我们根据留学生需求筛选、注释了专业词汇、特有句式并精心设计了课后练习，以便在读懂选文大意的基础上反复巩固专业汉语知识。教材初稿完成后，我们在中南财经政法大学来华留学本科生中试用了一学年，然后根据学生反馈对教材进行了修改、补充，并最终定稿。

　　该系列教程获得中南财经政法大学中央高校教育教学改革项目及校级教学研究项目的资助，相关课程的开设也得到学校教务部及国际教育学院的大力支持。此外，教材编写团队成员及武汉大学出版社领导和编辑们在本教程编写和出版过程中付出甚多，在此我们表示由衷的感谢！

　　由于编者水平及精力有限，首批仅推出《人文汉语》《法律汉语》《经济汉语》三部教材。随着来华接受学历教育的留学生不断增多，各学科和专业汉语的交融也会愈加深入，相信未来会有涉及更多学科的专业汉语教材问世。

目　录

第一章　中国的历史

☞知识导读

　　中国是世界四大文明古国①之一，有着悠久的历史。约 5000 年前，在黄河中游地区开始出现部落组织和部落联盟。约 4000 年前，中国历史上第一个国家建立，后来经过多个朝代，从奴隶社会发展到封建社会，直至 1949 年中华人民共和国成立，中国进入了社会主义新时代。

☞课文精读

　　中国是一个有着悠久历史和灿烂文化的国家，是人类重要的发源地之一。中国境内目前已发现最早的原始人是约 170 万年前的云南元谋人，他们能直立行走，会制造简单的石器，初步具备原始人的特征。约 70 万年前的北京人是世界上最重要的原始人类之一，他们不但能够直立行走，而且会制造木器、骨器和多种石器，甚至会使用自然火和保存火种。约 18000 年前的山顶洞人在外观上已经与现代人很接近，他们已经会用磨制和钻孔等工艺制作骨针等精细化的工具，掌握了人工取火的技术。

北京人复原头像

---

　　①　四大文明古国：(Four Ancient Civilizations)，是世界四大古代文明的统称。分别是发源于两河流域的古巴比伦(位于西亚，今属伊拉克)、发源于尼罗河流域的古埃及(位于西亚及北非交界处，今属埃及)、发源于印度河流域的古印度(位于南亚，今印度、巴基斯坦等国)和发源于黄河流域的中国(位于东亚)。

大约一万年前，中国进入新石器时代①，中国人的祖先使用磨制石器和制造陶器，进行原始农业生产，原始农业开始萌芽。中国是世界上最早种植水稻的国家，距今已有4700年的种植历史。五六千年前，中国进入部落联盟时期，其中比较大的两个部落由炎帝和黄帝领导，他们结成联盟，逐渐形成华夏族，因此炎帝和黄帝被称为中华民族的祖先，海内外的华人也称自己为"炎黄子孙"。这一时期人们的生活形态已经由打猎转为农业种植，会织布做衣，不再穿着树叶兽皮，有了以物换物的商业萌芽。中华文明即使从炎黄时期算起，也有近5000年的历史，可以说是历史悠久。

湖南炎帝陵炎帝像

在部落联盟时期，尧、舜、禹都是中国历史上非常著名的部落首领。他们由推举产生，先后管理部落。约公元前2070年，禹死后，禹的儿子启继承了王位，建立了中国最早的国家——夏，同时也标志着中国进入了奴隶社会。夏朝建立了一系列国家机构和治理规则，经济、社会快速发展，手工业也开始兴起，能够制造各种青铜器，青铜器反映了夏朝的文明已经发展到一定程度。

公元前1600年，夏朝结束后，中国进入商朝和西周，商朝有了比较成熟的文字——甲骨文，商朝因此成为第一个有文字记载的王朝。商周在一千多年的时间里，奴隶制发展到鼎盛时期。西周实行分封制，周王把土地和人口分给贵族，由他们代为管理各地。公元前770年，中国进入东周时期，分为春秋和战国两个阶段。东周进行了社会改革，思想上形成百家争鸣②的局面，经济上，铁制农具和牛耕出现，农业、手工业和商业规模扩大。

---

① 新石器时代：Xīnshíqìshídài(The Neolithic Age)，是考古学家设定的一个时间区段，大约从一万多年前开始，到距今5000多年至2000多年结束。是继旧石器时代之后、以使用磨制石器为标志的人类物质文化发展阶段。

② 百家争鸣：Bǎijiāzhēngmíng (contention of a hundred schools of thought)是指春秋战国时期知识分子中涌现出各种学派和各种思想观点，如儒、法、道、墨等，他们著书讲学，互相论战，出现了学术上的繁荣景象，后世称为百家争鸣。

公元前 221 年，秦始皇建立了中国历史上第一个统一的多民族封建国家——秦。秦朝统一了文字、货币、度量衡，开始修建万里长城。秦朝灭亡后，刘邦于公元前 202 年建立了汉朝，汉朝分为西汉和东汉两个时期。汉武帝大力推行儒家思想①，从此它成为历代王朝的主流思想。汉武帝还派张骞出使西域，开通了"丝绸之路"②，中国的丝绸、瓷器、技术传往世界各地，国外的马匹、种子等传入中国。丝绸之路打通了欧洲和亚洲的陆上交通，成为古代东西方往来的桥梁，对于中国同其他国家和地区的贸易和文化交流，起到了极大的促进作用，今天的"一带一路"③也由此而来。

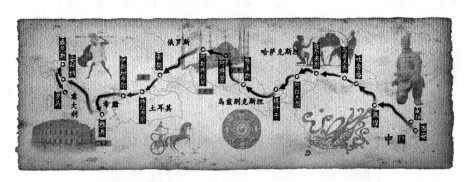

丝绸之路图示

随后的三国两晋南北朝，是中国历史上的一段大分裂时期，魏蜀吴三国鼎立，南北朝时期依然内战频繁，南北对立局面形成。直至公元 581 年，隋朝建立，才统一南北，结束长达四百年的分裂和战乱。隋朝开通了连接南北的大运河，建立了科举制④来选拔人才。公元 618 年，唐朝建立。唐朝是中国古代历史上的鼎盛时期，经济繁荣，民族融合，很多国家都派人来学习先进的制度、语言文字、科学技术等。中国历史上唯一的女皇帝武则天也在唐朝。

---

①　儒家思想：Rújiā sīxiǎng（Confucianism）是先秦诸子百家学说之一，也称为儒教或儒学，由孔子创立，后来以此为基础逐渐形成完整的儒家思想体系。儒家提倡德政、礼治和人治，强调个人的责任感、节制和忠孝。儒家思想影响深远，在东亚世界也占有重要地位，还是欧洲启蒙思想的一个重要渊源。

②　丝绸之路：Sīchóuzhīlù（Silk Road）简称丝路，一般指陆上丝绸之路。指从公元前 114 年至公元 127 年间，中国与中亚、印度、西亚及地中海各国之间、以丝绸贸易为媒介的西域交通道路。起源于汉武帝派张骞出使西域，最初作用是运输中国古代出产的丝绸，在明朝时期成为综合贸易之路。

③　一带一路：（The Belt and Road）是"丝绸之路经济带"和"21 世纪海上丝绸之路"的简称。2013 年，中国国家主席习近平提出建设"一带一路"的合作倡议。推进"一带一路"建设既是中国扩大和深化对外开放的需求，又是加强和亚欧非及世界各国互利合作的需求，中国愿意为人类和平发展做出更大的贡献。

④　科举制：Kējǔzhì（The Imperial Examination System）是古代中国及受中国影响的日本、朝鲜、越南等国家通过考试选拔官吏的制度。从隋朝开始到清朝末年，在中国经历 1300 多年。科举制度是封建时代所能采取的最公平的人才选拔形式，让很多社会底层人士得到提升发展的空间。

　　唐朝近三百年的统一时期后，中国又进入了另一段分裂时期——五代十国①。政权混乱，少数民族分裂活动更加严重。公元960年，北宋统一南方和中原，但后来北方少数民族又建立了辽、西夏和金。金灭辽及北宋，部分北宋力量逃到南方，建立南宋。北方的蒙古族统一中国，于公元1271年建立元朝。元朝是中国历史上首次由少数民族建立的统一多民族王朝，元朝的疆域是中国历史上最大的，包括今天的新疆、西藏、台湾及南海各岛。海上丝绸之路也进入鼎盛时期，中国与阿拉伯、波斯以及东非之间有大量的商业来往。宋朝与中国有贸易关系的国家和地区有五六十个，到元朝更是多达一百四十多个。唐宋元时期的科技继续发展，唐朝的火药、宋朝的磁铁指南针和毕昇发明的活字印刷术以及汉朝的造纸术，被称为中国古代"四大发明"。

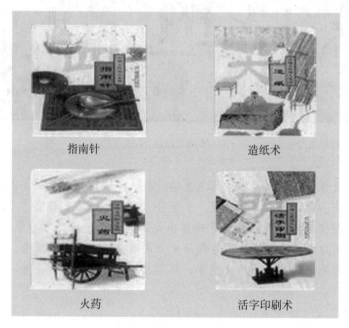

指南针　　　　　　　　　　　造纸术

火药　　　　　　　　　　　活字印刷术

中国古代的四大发明

　　公元1368年，明朝结束了元朝的统治，成为继唐朝之后的又一个强大王朝。1405—1433年，郑和七次下西洋，船队满载丝绸、瓷器、茶叶、金银，先后到达亚洲和非洲的30多个国家。船队回国时，各国派人随同前往，如第六次返航，就有16个国家的1200余人来到中国。郑和下西洋成为中国乃至世界航海史上的壮举。明朝末年，荷兰人侵略台湾，1661年，郑成功带领军队赶走荷兰人，收回台湾，他是中国历史上的民族英雄。

　　公元1636年，清朝建立，清朝也是中国的最后一个封建王朝。清朝前期，中国的疆

---

　　①　五代十国：(907—960年)是中国历史上的五代与十国时期的合称，是一段大分裂的时期。五代是指唐朝灭亡后依次更替的位于中原地区的五个政权，即后梁、后唐、后晋、后汉与后周。而在唐末、五代及北宋初，中原地区之外存在过许多割据政权，其中前蜀、后蜀、北汉等十余个割据政权被统称十国。

域广大，人口已多达 4 亿，国家非常强盛。清朝后期实行闭关锁国政策，到 19 世纪中期，鸦片战争①后中国开始衰落。

1911 年的辛亥革命②，结束了封建社会，中国进入一段混战时期。在中国共产党的领导下，经过长期的革命和斗争，终于在 1949 年成立了中华人民共和国，中国共产党的伟大领袖毛泽东当选为第一任国家主席。1971 年新中国恢复了联合国成员国的身份，并成为联合国安理会常任理事国。

1978 年在改革开放总设计师邓小平的倡导下，中国开始全面实行改革开放③政策，中国经济快速发展。2011 年中国成为世界第二大经济体。截至 2020 年，中国已经成为120 多个国家和地区的最大贸易合作伙伴。当代中国，正在以习近平主席为核心的党中央的领导下，为实现中华民族伟大复兴的中国梦④而奋斗。

☞重要生词

1.	文明	wénmíng	civilization
2.	悠久	yōujiǔ	age-old，long history
3.	部落	bùluò	tribe
4.	联盟	liánméng	union，alliance，coalition
5.	朝代	cháodài	dynasty
6.	奴隶	núlì	slave
7.	封建	fēngjiàn	feudal，feudatorial
8.	社会主义	shèhuìzhǔyì	socialist
9.	灿烂	cànlàn	splendid
10.	发源地	fāyuándì	birth place
11.	原始	yuánshǐ	original
12.	具备	jùbèi	have

---

① 鸦片战争：Yāpiànzhàn zhēng（Opium War）英国工业革命后，为了打开中国的贸易大门，向中国大量走私鸦片以牟取暴利，给中国社会带来严重危害。1839 年，林则徐虎门销烟，引起英国不满，1840年至 1842 年对中国发动了一场非正义的侵略战争，鸦片战争以中国失败并赔款割地告终，是中国近代屈辱史的开端。

② 辛亥革命：Xīnhàigémìng（The Revolution of 1911）辛亥革命是近代中国比较完全意义上的民族民主革命。它在政治上、思想上给中国人民带来了不可低估的解放作用。辛亥革命开创了完全意义上的近代民族民主革命，推翻了统治中国几千年的君主专制制度，建立起共和政体，结束了君主专制制度。传播了民主共和理念，极大推动了中华民族思想解放，以巨大的震撼力和影响力推动了中国社会变革。

③ 改革开放：Gǎigékāifàng（the reform and opening-up policy）指中国从 1978 年开始实行的对内改革、对外开放的政策。农村实行"分田到户，自负盈亏"的家庭联产承包责任制；城市国营企业开始自主经营，促进了生产力的发展，加快了中国现代化建设，逐步建立了社会主义市场经济体制。对外开放成为中国的一项基本国策，是中国的强国之路，是国家发展进步的强大动力。

④ 中国梦：（The Chinese Dream）是中国共产党 2012 年提出的重要指导思想和重要执政理念，就是要实现中华民族伟大复兴，把国家、民族和个人作为一个命运共同体，通过政治、经济、文化、社会、生态文明五位一体的全面建设，让国家富强、民族振兴、人民幸福。

13. 特征	tèzhēng	features
14. 外观	wàiguān	appearance
15. 磨制	mózhì	grinding
16. 钻孔	zuànkǒng	drill hole
17. 工艺	gōngyì	workmanship
18. 精细	jīngxì	fine
19. 祖先	zǔxiān	ancestors
20. 陶器	táoqì	pottery
21. 农业	nóngyè	agriculture
22. 萌芽	méngyá	germination
23. 种植	zhòngzhí	plant
24. 水稻	shuǐdào	rice
25. 形态	xíngtài	form
26. 打猎	dǎliè	go hunting
27. 织布	zhībù	weaving
28. 商业	shāngyè	business
29. 推举	tuījǔ	recommend
30. 继承	jìchéng	inherit
31. 标志	biāozhì	sign
32. 机构	jīgòu	mechanism
33. 治理	zhìlǐ	government
34. 规则	guīzé	rule
35. 兴起	xīngqǐ	rise
36. 青铜器	qīngtóngqì	bronze ware
37. 甲骨文	jiǎgǔwén	oracle, oracle bone script
38. 记载	jìzǎi	record
39. 鼎盛	dǐngshèng	great prosperity
40. 分封制	fēnfēngzhì	enfeoffment system
41. 贵族	guìzú	noble
42. 改革	gǎigé	reform
43. 思想	sīxiǎng	thought
44. 局面	júmiàn	situation
45. 规模	guīmó	scale
46. 统一	tǒngyī	unified
47. 货币	huòbì	currency
48. 度量衡	dùliànghéng	weights and measures
49. 灭亡	mièwáng	perish
50. 主流	zhǔliú	main stream

51.	瓷器	cíqì	porcelain
52.	桥梁	qiáoliáng	bridge
53.	贸易	màoyì	trade
54.	促进	cùjìn	promote
55.	分裂	fēnliè	split, separate, break up
56.	鼎立	dǐnglì	energetically
57.	内战	nèizhàn	civil war
58.	频繁	pínfán	frequently
59.	运河	yùnhé	canal
60.	选拔	xuǎnbá	select, choose
61.	繁荣	fánróng	prosperous
62.	融合	rónghé	integrate, merge, fuse
63.	先进	xiānjìn	advanced
64.	制度	zhìdù	system, institution
65.	皇帝	huángdì	emperor
66.	政权	zhèngquán	regime
67.	混乱	hùnluàn	confusion
68.	疆域	jiāngyù	territory
69.	统治	tǒngzhì	rule
70.	乃至	nǎizhì	and even
71.	航海	hánghǎi	navigation
72.	壮举	zhuàngjǔ	magnificent feat
73.	侵略	qīnlüè	aggression
74.	强盛	qiángshèng	powerful and prosperous
75.	闭关锁国	bìguānsuǒguó	cut off the country from the outside world
76.	衰落	shuāiluò	decline
77.	革命	gémìng	revolution
78.	领袖	lǐngxiù	leader
79.	倡导	chàngdǎo	advocacy
80.	截止	jiézhǐ	end
81.	核心	héxīn	core
82.	复兴	fùxīng	renewal, renaissance
83.	奋斗	fèndòu	strive, struggle

☞专有名词

1.	元谋人	Yuánmóu rén	Yuanmou man
2.	北京人	Běijīng rén	Sinanthropus
3.	山顶洞人	Shāndǐngdòng rén	Mountaintop cave man

4. 炎帝	Yándì	Yan Emperor
5. 黄帝	Huángdì	Huang Emperor
6. 华夏族	Huáxiàzú	Chinese nation
7. 炎黄子孙	YánHuáng zǐsūn	all the children of the Yan and Huang Emperors
8. 尧	Yáo	Yao
9. 舜	Shùn	Shun
10. 禹	Yǔ	Yu
11. 启	Qǐ	Qi
12. 夏(朝)	Xiàcháo	Xia Dynasty(2070BC-1600BC)
13. 商(朝)	Shāngcháo	Shang Dynasty(1600BC-1046BC)
14. 西周	Xīzhōu	Western Zhou Dynasty(1046BC-771BC)
15. 东周	Dōngzhōu	Eastern Zhou(770BC-256BC)
16. 春秋	Chūnqiū	Spring and Autumn Period(770BC-476BC)
17. 战国	Zhànguó	the Warring States Period(475BC-221BC)
18. 秦始皇	Qínshǐhuáng	the First Emperor of Qin(259BC-210BC)
19. 秦(朝)	Qíncháo	Qin Dynasty(221BC-206BC)
20. 刘邦	Liú Bāng	the first emperor of Western Han Dynasty(256BC-195BC)
21. 汉(朝)	Hàncháo	Han Dynasty(206BC-AD220)
22. 西汉	Xīhàn	Western Han Dynasty(202BC-AD25)
23. 东汉	Dōnghàn	Eastern Han Dynasty(AD25-220)
24. 汉武帝	Hànwǔdì	Emperor Wu of Han Dynasty(156BC-87BC)
25. 张骞	Zhāng Qiān	the pioneer of Silk Road(164BC-114BC)
26. 西域	Xīyù	Western Region. including present-day Xinjiang and Central Asia
27. 欧洲	Ōuzhōu	Europe
28. 三国	Sānguó	the Three Kingdoms(AD220-280)
29. 两晋	Liǎngjìn	Western Jin Dynasty (265-317) Eastern Jin Dynasty(317-420)
30. 南北朝	Nánběicháo	Southern Dynasty (420-589) and Northern Dynasty(386-581)
31. 魏蜀吴	Wèi Shǔ Wú	Wei(220-265) Shu(221-263) Wu(222-280)
32. 隋朝	Suícháo	Sui Dynasty(581-618)
33. 唐朝	Tángcháo	Tang Dynasty(618-907)
34. 武则天	Wǔ Zétiān	the only Empress of China
35. 北宋	Běisòng	Northern Song(960-1127)
36. 辽	Liáo	Liao Dynasty(907-1125)
37. 西夏	Xīxià	Western Xia Dynasty(1038-1227)

38. 金	Jīn	Jin Dynasty（1115-1234）
39. 南宋	Nánsòng	Southern Song（1127-1279）
40. 蒙古族	Měnggǔzú	the Mongol ethnic group
41. 元朝	Yuáncháo	Yuan Dynasty（1271-1368）
42. 新疆	Xīnjiāng	Xinjiang
43. 西藏	Xīzàng	Xizang
44. 南海	Nánhǎi	the South China Sea
45. 阿拉伯	Ālābó	Arab
46. 波斯	Bōsī	Persia, the old name of Iran
47. 东非	Dōngfēi	East Africa
48. 火药	huǒyào	gunpowder
49. 磁铁指南针	cítiě zhǐnánzhēn	magnetic compass
50. 毕昇	Bì Shēng	the inventor of movable type printing
51. 活字印刷术	huózì yìnshuāshù	movable type printing
52. 造纸术	zàozhǐshù	paper-making printing
53. 明朝	Míngcháo	Ming Dynasty（1368-1644）
54. 郑和	Zhèng Hé	a navigator of Ming Dynasty（1371？-1433？）
55. 非洲	Fēizhōu	Africa
56. 荷兰	Hélán	Holland, the Netherlands
57. 郑成功	Zhèng Chénggōng	a soldier and national hero（1624-1662）
58. 清朝	Qīngcháo	Qing Dynasty（1616-1911）
59. 中国共产党	Zhōngguó Gòngchǎndǎng	the Communist Party of China
60. 毛泽东	Máo Zédōng	Mao Zedong
61. 国家主席	guójiā zhǔxí	president
62. 联合国	Liánhéguó	the United Nations
63. 常任理事国	chángrènlǐshìguó	Permanent members
64. 邓小平	Dèng Xiǎopíng	Deng Xiaoping
65. 习近平	Xí Jìnpíng	Xi Jinping

☞综合注释

一、约 70 万年前的北京人是世界上最重要的原始人类之一。

X 是……最……之一，表示 X 的最高级状态，但只是其中之一。例如：

1. 他是我们班汉语最好的学生之一。

2. 北京是世界上最著名的城市之一。

◆ 练一练：完成下列句子。

（1）长城是＿＿＿＿＿＿＿＿最＿＿＿＿＿＿＿＿之一。

（2）这部电影是＿＿＿＿＿＿＿＿最＿＿＿＿＿＿＿之一。

二、×器，大多表示一种器具、用具、物品。例如：陶器、瓷器、木器、机器、电器、武器等。汉语的词汇具有较强的词族性质，同一类的词往往有共同的组成部分，这个共核可以看作串起珍珠的线，通过它，可以把类似的词语归类学习、记忆。比如"车"、"树"可以组成"×车"、"×树"，这些词语是基本词、核心词，掌握了它们可以达到举一反三、事半功倍的学习效果。

◆ 练一练：仿照下面的例子，找出一些基本词并组词。

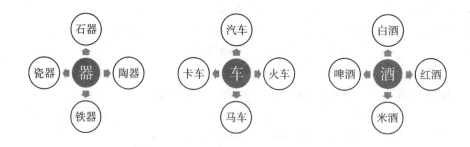

三、郑和下西洋成为中国乃至世界航海史上的壮举。

……乃至……　表示更进一步。例如：

1. 汉语是中国乃至世界上使用人口最多的语言。

2. 好的书对青少年的成长乃至他们的一生，都会产生深远的影响。

◆ 练一练：用"乃至"完成下列句子。

(1) 我们每个人＿＿＿＿＿＿＿＿＿＿＿＿＿＿＿＿。

(2) 她学习太努力了，乃至＿＿＿＿＿＿＿＿＿＿＿＿＿。

四、在中国共产党的领导下，经过长期的革命和斗争，终于在 1949 年成立了中华人民共和国。

在……下　表示通过某种方法或方式，例如：

1. 在同学们的努力下，这次运动会我们班获得了第一名。

2. 在家人的支持下，他终于顺利毕业。

◆ 练一练：用"在……下"完成下列句子。

(1) 在大家的关注下，＿＿＿＿＿＿＿＿＿＿＿＿＿＿。

(2) 在我的鼓励下，＿＿＿＿＿＿＿＿＿＿＿＿＿＿。

☞综合练习

一、用所给的词语造句。

(1) 悠久：

(2) 繁荣：

(3) 乃至：

(4) 融合：

(5)复兴：

(6)壮举：

(7)选拔：

(8)鼎盛：

二、选择合适的词语填空。

(1)精确　准确　明确　的确　正确

A. 学校的态度非常_____，学生上课的时候不能玩手机。

B. 你能_____说出上海在地图上的位置吗？

C. 他的说法有科学依据，是完全_____的。

D. 发射火箭前，要进行一系列_____的计算。

E. 这件事_____是他做的。

(2)强盛　鼎盛　茂盛　丰盛　兴盛

A. 这座城市经济发达，显现出大都市的_____。

B. 昨天朋友来做客，我做了一桌_____的饭菜。

C. 这里的自然环境保护得非常好，水草很_____。

D. 你知道唐朝最_____的时期有多_____吗？

三、用括号里的词语完成句子。

(1)中国是四大文明古国之一，_____。（悠久）

(2)这次比赛的时间很紧迫，_____。（截止）

(3)三年来，他每天都努力学习，_____。（甚至）

(4)元朝人口流动大，民族众多，_____。（鼎盛）

(5)今年夏天特别炎热，_____。（一度）

四、根据课文内容，回答问题。

(1)为什么海内外的华人称自己为"炎黄子孙"？

(2)中国的四大发明是什么？

(3)中国历史悠久，保持华夏文明几千年绵延不断并继续发展的因素有哪些？

五、写作。

中国古代有陆上丝绸之路和海上丝绸之路，现代中国又提出"一带一路"的倡议，请查阅相关资料，谈谈你对"一带一路"的历史来源和未来发展的看法。

☞**拓展阅读**

中国历史朝代歌

夏商与西周，东周分两半。
春秋和战国，一统秦两汉。
三分魏蜀吴，二晋前后延。
南北朝并立，隋唐五代传。
宋元明清后，皇朝至此完。

中国四大古都

洛阳、西安、南京、北京并称为中国四大古都。

洛阳，位于河南省，地跨黄河南北两岸，"居天下之中"，且"四面环山、六水并流、八关都邑、十省通衢"。中国第一个朝代夏朝就建都洛阳，此后商、西周、东周、东汉、曹魏、西晋、北魏、隋、唐、后梁、后唐、后晋等王朝也都建都于此。洛阳是中华文明的核心发源地。洛阳是中国道教的圣地，道学创始人老子在洛阳老君山隐居修行，在函谷关写下了道学经典《道德经》。被儒学奉为大圣人的周公，建立了洛邑（洛阳）王城，并长期居住于洛阳，制定了礼仪规范，成为中华礼仪和儒学的基础。佛教传入中国后，在洛阳修建了第一座官办佛教寺庙白马寺，被称为"中国第一古刹"，距今已有近 2000 年的历史，白马寺是佛教在中国的发源地之一。与大同云冈石窟、敦煌莫高窟齐名的中国三大石窟之一的龙门石窟也位于洛阳，龙门石窟始凿于北魏孝文帝时期，共有 97000 余尊佛像，1300多个石窟。其中最大的佛像高达 17.14 米，最小的仅有 2 厘米，体现出了中国古代劳动人民很高的艺术造诣，龙门石窟现在是国家 5A 级景区。此外，还有埋葬"武圣"关公的关林，每年四五月盛开的洛阳牡丹会，都值得一看。

西安，是陕西省的省会，古称长安，是中国历史上建都朝代最多、时间最长、影响力最大的都城，先后有十三个王朝在此建都，尤其是中国历史上大一统的西汉、隋、唐朝均以此为都城，使得西安长期作为中国古代政治、经济、文化中心。隋唐时期对长安的建设长达 72 年，整个城市布局规划整齐，东西严格对称，分宫城、皇城和外廓城三大部分，长安城在中国建筑史、城市史上具有划时代的影响。西安是联合国教科文组织最早确定的"世界历史名城"，拥有秦始皇兵马俑、秦始皇陵陪葬坑、华清池、明代古城墙等众多的历史文化遗存，使西安成为世界著名旅游胜地，世界大多数国家及地区领导人访问过古都西安。

南京，是江苏省省会，是中国四大古都及历史文化名城之一。南京成为都城最早开始于三国时期的吴国，此后，东晋、南朝的宋、齐、梁、陈均相继在此建都，故南京有"六朝古都"之称，还有南唐、明、太平天国、中华民国等曾在南京建都立国，留下了很多历史遗迹，如明孝陵、明城墙城门、雨花台、六朝陵墓、"中华民国"总统府等。南京还被视为汉族的复兴之地，在中国历史上具有特殊地位和价值，当中原被异族所占领，汉民族即将遭受灭顶之灾时，通常汉民族都会选择在南京休养生息，积蓄力量再行北伐，恢复华夏，历史上东晋、萧梁、刘宋三番北伐功败垂成，大明、民国二次北伐成功，都是在南京。

北京，是新中国首都，是中国四大古都及历史文化名城之一。春秋战国时期分别是蓟国与燕国的统治中心。历史上北京曾为辽的陪都、金国的首都，元朝定都北京，明朝大部分时间也定都北京，清朝继续建都于此，所以北京也被称为"五朝古都"。北京取代了西安、洛阳、南京等古都的地位，成为中国的政治经济文化中心。作为历史最近的古都，北京拥有大量保存完好的名胜古迹。故宫是中国明、清两代 24 个皇帝的皇宫，也是当今世界上现存规模最大、保存最完整的古代宫殿群和古建筑群。还有祭天神庙天坛、皇家花园北海、皇家园林颐和园和圆明园，还有八达岭长城、居庸关长城等世界文化遗产。

◎ **思考：**

(1)中国上下五千年历史，你知道有哪些著名的朝代？谈谈你的看法。

(2)你去过中国四大古都中的城市吗？如果去过，谈谈你的旅游体验；如果没有去过，上网搜索一下你感兴趣的古都，了解一下它。

第二章 中国的地理

☞知识导读

中国位于亚洲东部、太平洋西岸，陆地面积约有960万平方公里，仅次于俄罗斯、加拿大，居世界第三位。中国土地辽阔，地形复杂，气候多样，资源丰富，自然景观独特，它们共同构成了独特的中国地理。

☞课文精读

中国是以汉族为主体，56个民族共同组成的统一的多民族国家。2020年第七次全国人口普查，中国总人口为141178万人，是世界上人口最多的国家。中国独特的自然地理环境和深厚的人文地理环境使中国具有"世界文明古国""丝绸之国""瓷器之国""诗国""东方巨龙"等美誉。

中国的领土北起漠河以北的黑龙江江心，南至南沙群岛南端的曾母暗沙，东起黑龙江与乌苏里江汇合处，西到帕米尔高原。从南到北，从东到西，距离都在5000公里以上，最东端和最西端相差5个时区。中国陆地边界长达2.28万公里，与14个国家相邻①。大陆海岸线长约1.8万公里，与6个国家隔海相望②，自北向南的近海有渤海、黄海、东海和南海，海洋面积达473万平方公里，沿海分布有台湾岛、海南岛、舟山群岛、南海诸岛等5000多个岛屿。

丝绸

青花瓷

---

① 与中国相邻的14个国家是朝鲜、蒙古、俄罗斯、哈萨克斯坦、吉尔吉斯斯坦、塔吉克斯坦、阿富汗、巴基斯坦、印度、尼泊尔、不丹、缅甸、老挝、越南。

② 与中国隔海相望的6个国家是韩国、日本、菲律宾、文莱、马来西亚、印度尼西亚。

中国地形多样，有雄壮广阔的高原、高低起伏的山岭、一望无际的平原、连绵不断的丘陵，还有群山环绕、地势低平的盆地。山地、高原和丘陵约占陆地面积的三分之二，盆地和平原约占陆地面积的三分之一。主要的高原有青藏高原、内蒙古高原、云贵高原、黄土高原。主要的盆地有塔里木盆地、准噶尔盆地、柴达木盆地和四川盆地。主要的平原有东北平原、华北平原、长江中下游平原。

中国地势整体上西高东低，自西向东呈三级阶梯状下降。第一级阶梯是西南地区平均海拔 4000 米以上的青藏高原，有"世界屋脊"之称；第二级阶梯是由内蒙古高原、黄土黄原、云贵高原和塔里木盆地、准噶尔盆地、四川盆地等构成，平均海拔 1000～2000 米；第三级阶梯由大兴安岭、太行山构成，向东直达海岸。其大部分地区海拔在500 米以下，地形以平原和丘陵为主。第三级阶梯以东为中国大陆架浅海区，水深大多不到 200 米。

中国各地的地貌形态各异：有因风蚀作用而形成的雅丹地貌，主要集中在新疆地区、柴达木盆地等西部地区，有很多风蚀的沟谷或石柱；有因溶蚀、流水冲击而成的喀斯特地貌，大多分布在西南地区的云贵高原，包括溶洞、石林等，桂林山水就是典型的代表；有因流水或风力的侵蚀而形成的丹霞地貌，其主要特征是红色陡坡，大多分布在浙江、福建、四川、贵州等南方地区和以甘肃为代表的西北地区；还有因流水侵蚀而导致表面形成千沟万壑的黄土地貌，主要集中在黄土高原地区。

丹霞地貌

喀斯特地貌

雅丹地貌

黄土地貌

由于中国南北东西距离较远，各地离海洋远近不同，按地理位置及气候特征把秦岭——淮河作为中国南北分界线，秦岭——淮河以南叫南方，以北叫北方。此线南北，气候明显不同，总体上是南方热，北方寒，东部湿，西部干，具体有三个特点：一是大部分地区冬季寒冷少雨，夏季高温多雨。二是雨热同时。来自海洋的夏季风温暖湿润，在其影响下，降雨普遍增多。三是气候多种多样，不同地区气候、温差、降雨、日照等情况都有很大差别。如西双版纳，就不是按四季来划分的，而是分雨季和旱季。而同属云南省的昆明却四季如春；当武汉的树木刚刚发芽的时候，南方的海南岛早已鲜花满地，而北方的哈尔滨依然大雪纷飞。

西双版纳

昆明滇池

武汉黄鹤楼

哈尔滨冰雕

中国是世界上河流最多的国家之一，有很多源远流长的大江大河，长江和黄河是中国最主要的两条河流。长江全长约6300多公里，是亚洲第一长河和世界第三长河。它也是中国水量最丰富的河流，水资源总量9616亿立方米。它发源于青藏高原，流经四川、湖北、江苏等11个省份，流入东海。在长江的宜昌段建有世界上规模最大的水利工程——三峡大坝，是世界最大的水力发电站和清洁能源生产基地。黄河是中国第二长河，全长约5464公里，黄河流域是中华文明的主要发源地，所以黄河也被称为中国的"母亲河"。它也发源于青藏高原，自西向东分别流经青海、甘肃、陕西、山东等9个省份，流入渤海。黄河是世界上含沙量最高的河流，中段流经黄土高原地区，带走了大量泥沙，造成下游地区大量的泥沙淤积，河床慢慢被抬高，使它高出了地面，所以又被称为"地上悬河"。

长江

黄河

　　中国有很多名山，其中最著名的是"五岳"。东岳泰山，位于山东省，是古代皇帝进行祭祀的重要场所，也是著名的旅游胜地，泰山日出十分壮观。西岳华山，有"奇险天下第一山"之称，位于陕西省，是中国道教圣地。南岳衡山，位于湖南省，是著名的道教、佛教圣地。北岳恒山，位于山西省，保留了很多古战场遗迹。中岳嵩山，位于河南省，它是佛教禅宗的发源地。著名的少林寺就位于嵩山脚下。五岳之外，还有世界文化与自然双重遗产的黄山、道教圣地武当山等，它们都闻名于世。

泰山日出

华山

　　中国湖泊众多，在长江中下游地区分布着中国最大的淡水湖群，有鄱阳湖、洞庭湖、太湖等。湖北省被称为"千湖之省"，武汉被称为"百湖之市"。中国西部的青藏高原湖泊也比较集中，但因为是干旱的内陆地区，蒸发大，又不能流入河流，所以大多是咸水湖，其中最大的咸水湖是位于青海省的青海湖，它同时也是中国最大的湖泊，面积有4583平方公里。位于西藏的纳木错湖是世界上最高的大湖，也是藏传佛教的圣地，每年都有成千上万的佛教徒前往。

　　中国是世界上荒漠化最严重的国家之一，陆地荒漠化面积达到264万平方公里，占陆地面积的27.5%。荒漠化主要分布在西北干旱地区，这里有中国最大的沙漠塔克拉玛干沙漠，面积33万平方公里。中国政府长期以来非常重视荒漠化的治理，经过数十年的努力，取得了很大的成就。中国四大沙漠之一的毛乌素沙漠，面积最大时有4.22万平方公里，经过治理后，2020年竟然快要消失了。联合国荒漠治理组织这样评价："毛乌素沙漠治理实践，做出了让世界向中国致敬的事情。"

根据地理位置，中国可以划分为七大区域，分别是华北地区、东北地区、西北地区、华东地区、华中地区、华南地区和西南地区。华北地区在自然地理上一般指秦岭—淮河线以北，长城以南的区域，包括北京，天津，河北省、山西省，内蒙古中部。北京是中国的首都和政治文化中心，北京、天津、河北地区是我国北方经济规模最大、最具活力的地区。东北地区包括辽宁、吉林、黑龙江三省以及内蒙古东部。东北地区的森林占全国的1/3，东北平原土地肥沃，是中国重要的粮食产区。西北地区包括陕西省、青海省、甘肃省、新疆维吾尔自治区、宁夏回族自治区和内蒙古的西部。西北地区面积广大、干旱缺水、荒漠广布、风沙较多、人口稀少。华东地区包括上海、江苏省、浙江省、安徽省、江西省、山东省、福建省和台湾省。华东地区自然条件优越，物产资源丰富，商品生产发达，工业种类齐全，是中国综合技术水平最高的地区，上海是中国的经济中心。华中地区包括河南、湖北和湖南三省。华中地区历史文化深厚，资源丰富，水陆交通方便，是全国工农业和交通的中心之一。华南地区包括广东省、广西壮族自治区、海南省、香港特别行政区、澳门特别行政区。华南地区高温多雨，气候炎热，广州、深圳、香港、澳门经济非常发达，都是世界知名的城市。西南地区包括重庆、四川省、贵州省、云南省、西藏自治区。西南地区大多是高低起伏的山地，是少数民族的主要聚居区，四川盆地是该地区人口最稠密、交通最方便、经济最发达的区域。

中国有34个省级行政区，分别为23个省、5个自治区、4个直辖市、2个特别行政区。中国省级行政区划表如下：

类别	省级行政区	简称	行政中心	省级行政区	简称	行政中心
直辖市	北京市	京	北京	天津市	津	天津
	上海市	沪	上海	重庆市	渝	重庆
省	河北省	冀	石家庄	山西省	晋	太原
	吉林省	吉	长春	辽宁省	辽	沈阳
	山东省	鲁	济南	黑龙江省	黑	哈尔滨
	浙江省	浙	杭州	江苏省	苏	南京
	福建省	闽	福州	安徽省	皖	合肥
	河南省	豫	郑州	江西省	赣	南昌
	海南省	琼	海口	广东省	粤	广州
	湖北省	鄂	武汉	湖南省	湘	长沙
	青海省	青	西宁	云南省	滇、云	昆明
	四川省	川、蜀	成都	贵州省	黔、贵	贵阳
	陕西省	陕、秦	西安	甘肃省	甘、陇	兰州
	台湾省	台	台北			

续表

类别	省级行政区	简称	行政中心	省级行政区	简称	行政中心
自治区	广西壮族自治区	桂	南宁	内蒙古自治区	内蒙古	呼和浩特
	西藏自治区	藏	拉萨	宁夏回族自治区	宁	银川
	新疆维吾尔自治区	新	乌鲁木齐			
特别行政区	香港特别行政区	港	香港	澳门特别行政区	澳	澳门

☞重要生词

1. 地理　　　　　dìlǐ　　　　　　　　geography
2. 陆地　　　　　lùdì　　　　　　　　land
3. 面积　　　　　miànjī　　　　　　　area
4. 平方公里　　　píngfāng gōnglǐ　　square kilometer
5. 辽阔　　　　　liáokuò　　　　　　 vast；extensive
6. 地形　　　　　dìxíng　　　　　　　topography；terrain
7. 资源　　　　　zīyuán　　　　　　　natural resources
8. 景观　　　　　jǐngguān　　　　　　landscape
9. 汉族　　　　　Hànzú　　　　　　　 Han ethnic group
10. 普查　　　　　pǔchá　　　　　　　census；general survey
11. 深厚　　　　　shēnhòu　　　　　　deep；profound
12. 人文　　　　　rénwén　　　　　　　human culture
13. 美誉　　　　　měiyù　　　　　　　 good reputation
14. 领土　　　　　lǐngtǔ　　　　　　　territory
15. 汇合　　　　　huìhé　　　　　　　 converge；join
16. 时区　　　　　shíqū　　　　　　　 time zone
17. 边界　　　　　biānjiè　　　　　　 boundary；frontier
18. 相邻　　　　　xiānglín　　　　　　adjoin；adjacent
19. 海岸线　　　　hǎiànxiàn　　　　　coastline；beachline
20. 岛屿　　　　　dǎoyǔ　　　　　　　islands and islets
21. 雄壮　　　　　xióngzhuàng　　　　magnificent
22. 高原　　　　　gāoyuán　　　　　　plateau
23. 山岭　　　　　shānlǐng　　　　　　mountain ridge
24. 一望无际　　　yīwàngwújì　　　　 a boundless stretch of
25. 平原　　　　　píngyuán　　　　　　plain
26. 连绵不断　　　liánmiánbùduàn　　 without stop；incessantly
27. 丘陵　　　　　qiūlíng　　　　　　 hills；brent
28. 地势　　　　　dìshì　　　　　　　 terrain；topography

29.	盆地	péndì	basin；saucer
30.	阶梯	jiētī	ladder；step
31.	海拔	hǎibá	altitude
32.	屋脊	wūjǐ	ridge；roof
33.	大陆架	dàlùjià	continental shelf
34.	地貌	dìmào	topographic feature；landforms
35.	风蚀	fēngshí	wind erosion；deflation
36.	溶蚀	róngshí	corrosion
37.	溶洞	róngdòng	karst cave
38.	典型	diǎnxíng	typical case
39.	侵蚀	qīnshí	corrode；erode
40.	陡坡	dǒupō	steep slope
41.	千沟万壑	qiāngōuwànhè	millions of gullies
42.	分界线	fēnjièxiàn	line of demarcation
43.	降雨	jiàngyǔ	rainfall
44.	温差	wēnchā	difference in temperature
45.	日照	rìzhào	sunshine
46.	划分	huàfēn	divide；partition
47.	旱季	hànjì	dry season
48.	发芽	fāyá	germinate；sprout
49.	河流	héliú	rivers
50.	源远流长	yuányuǎnliúcháng	a distant origin and a long development
51.	水量	shuǐliàng	water yield
52.	立方米	lìfāngmǐ	cubic meter
53.	水利	shuǐlì	water conservancy
54.	发电站	fādiànzhàn	power station
55.	清洁	qīngjié	clean
56.	能源	néngyuán	energy
57.	基地	jīdì	base
58.	流域	liúyù	watershed；drainage area
59.	含沙量	hánshāliàng	silt content
60.	淤积	yūjī	deposit；sedimentation
61.	河床	héchuáng	riverbed
62.	祭祀	jìsì	sacrifice
63.	胜地	shèngdì	famous scenic spot
64.	壮观	zhuàngguān	grand sight
65.	道教	dàojiào	Taoism
66.	佛教	fójiào	Buddhism

67. 圣地	shèngdì	the Holy Land
68. 战场	zhànchǎng	battlefield
69. 遗迹	yíjì	historical remains；relic
70. 遗产	yíchǎn	legacy；heritage
71. 湖泊	húpō	lakes
72. 淡水	dànshuǐ	fresh water
73. 干旱	gānhàn	drought；arid
74. 内陆	nèilù	inland；interior
75. 蒸发	zhēngfā	evaporation；evaporate
76. 咸水湖	xiánshuǐhú	saltwater lake
77. 荒漠化	huāngmòhuà	desertification
78. 沙漠	shāmò	desert
79. 实践	shíjiàn	practice；carry out
80. 致敬	zhìjìng	salute；pay one's respects
81. 区域	qūyù	region；area
82. 肥沃	féiwò	fertile；rich
83. 稀少	xīshǎo	few；rare；scarce
84. 优越	yōuyuè	superior；advantageous
85. 物产	wùchǎn	products；produce
86. 炎热	yánrè	burning hot
87. 聚居	jùjū	inhabit a region
88. 稠密	chóumì	dense；denseness

☞专有名词

1. 太平洋	Tàipíngyáng	the Pacific
2. 漠河	Mòhé	Mohe
3. 黑龙江	Hēilóngjiāng	Heilongjiang
4. 南沙群岛	Nánshā qúndǎo	the Nansha Islands
5. 曾母暗沙	Zēngmǔànshā	Zengmu Reef
6. 乌苏里江	Wūsūlǐjiāng	the Wusuli River
7. 帕米尔高原	Pàmǐěr gāoyuán	the Pamirs
8. 渤海	Bóhǎi	the Bohai Sea
9. 海南岛	Hǎinándǎo	Hainan Island
10. 舟山群岛	Zhōushān qúndǎo	Zhoushan Islands
11. 南海诸岛	Nánhǎi zhūdǎo	South China Sea Islands
12. 青藏高原	Qīngzàng gāoyuán	Qinghai-Tibet Plateau
13. 内蒙古高原	Nèiměnggǔ gāoyuán	Inner Mongolia Plateau
14. 云贵高原	Yúnguì gāoyuán	the Yunnan-Guizhou Plateau

15. 黄土高原	Huángtǔ gāoyuán	The Loess Plateau
16. 塔里木盆地	Tǎlǐmù péndì	Tarim Basin
17. 准噶尔盆地	Zhǔngéěr péndì	Jungar Basin
18. 柴达木盆地	Cháidámù péndì	Qaidam Basin
19. 长江中下游平原	Chángjiāng zhōngxiàyóu píngyuán	Middle and Lower Yangtze Plain
20. 大兴安岭	Dàxīngānlǐng	Greater Khingan Range
21. 太行山	Tàihángshān	Taihang Mountain
22. 雅丹地貌	Yǎdān dìmào	Yardang landform
23. 喀斯特地貌	Kāsītè dìmào	Karst Landform
24. 桂林山水	Guìlín shānshuǐ	Guilin Scenery
25. 丹霞地貌	Dānxiá dìmào	Danxia landform
26. 黄土地貌	Huángtǔ dìmào	Loess landform
27. 秦岭	Qínlǐng	Qinling Mountains
28. 淮河	Huáihé	Huaihe River
29. 季风	jìfēng	monsoon
30. 西双版纳	Xīshuāngbǎnnà	Xishuangbanna
31. 昆明	Kūnmíng	Kunming
32. 宜昌	Yíchāng	Yichang
33. 三峡大坝	Sānxiá dàbà	Three Gorges Dam
34. 地上悬河	dìshàng xuánhé	a river on ground
35. 五岳	Wǔyuè	the Five Famous Mountains in China
36. 泰山	Tàishān	Taishan Mountain in Shandong
37. 华山	Huàshān	Huashan Mountain in Shanxi
38. 衡山	Héngshān	Hengshan Mountain in Hunan
39. 恒山	Héngshān	Hengshan Mountain in Shanxi
40. 嵩山	Sōngshān	Songshan Mountain in Henan
41. 禅宗	Chánzōng	the Chan sect；Dhyana；Zen
42. 少林寺	Shàolínsì	Shaolin Temple in Songshan
43. 黄山	Huángshān	Mount Huang in Anhui
44. 武当山	Wǔdāngshān	Wudang Mountain in Hubei
45. 鄱阳湖	Póyánghú	the Poyang Lake in Jiangxi
46. 洞庭湖	Dòngtínghú	the Dongting Lake in Hunan
47. 太湖	Tàihú	Tai Lake in both Jiangsu and Zhejiang
48. 青海湖	Qīnghǎihú	Qinghai Lake
49. 纳木错湖	Nàmùcuòhú	Namtso lake
50. 藏传佛教	Zàngchuán fójiào	Tibetan Buddhism
51. 塔克拉玛干沙漠	Tǎkèlāmǎgān shāmò	Taklimakan Desert

52. 毛乌素沙漠	*Máowūsù shāmò*	Mu Us Desert
53. 省级行政区	*shěngjí xíngzhèngqū*	provincial administrative region
54. 省	*shěng*	province
55. 自治区	*Zìzhìqū*	autonomous region
56. 直辖市	*Zhíxiáshì*	municipality directly under the Central Government
57. 特别行政区	*tèbié xíngzhèngqū*	special administrative region

☞综合注释

一、中国位于亚洲东部、太平洋西岸，陆地面积约有 960 万平方公里，仅次于俄罗斯、加拿大，居世界第三位。

仅次于……　表示 X 紧跟着或紧靠着(如空间、时间或重要性)，虽然不如上一个，但与上一个差不太多，差的距离是微乎其微的。例如：

1. 他学习成绩很好，仅次于第三名。

2. 乔戈里峰海拔非常高，仅次于世界第一高峰——珠穆朗玛峰。

◆ 练一练：完成下列句子。

(1)没想到他下棋这么厉害，_____。

(2)她经过一学期的努力，_____。

二、中国地势整体上西高东低，自西向东呈三级阶梯状下降。

自(由)……向……　表示从一个方向到另一个方向，通常省略号代表表示方位的名词。例如：

1. 他自北向南，行程五千多公里，游览了全国大部分地区。

2. 一个人行万里路，读万卷书，他的优雅气质是由里向外散发出来的。

◆ 练一练：根据"自……向……"的定义填写下列词语。

(1)自____向____

(2)自____向____

三、西岳华山，有"奇险天下第一山"之称，位于陕西省，是中国道教圣地。

有……之称，表示有……的称呼或叫法。例如：

1. 平均海拔 4000 米以上的青藏高原，有"世界屋脊"之称。

2. 湖北有"千湖之省"之称。

◆ 练一练：用"有……之称"完成下列句子。

(1)他绘画水平一流，在学校_____"画神"_____。

(2)他在中国生活了二十年，汉语说得和中国人一样好，而且十分了解中国文化，有_____之称。

四、如西双版纳，就不是按四季来划分的，而是分雨季和旱季。

不是……而是……　是一组表示并列关系的关联词。关联词是作为连接句、标明关系的词语。关联词一般分为八种类型：

(1)并列关系中的关联词有：有的……有的、一方面……一方面、有时候……有时候、那么……那么、既……又、一边……一边、也、又、还、同时。

　　例如：他一边吃饭，一边看电视。

　　(2)选择关系中的关联词有：是……还是、或者……或者、不是……就是、要么……要么、与其……不如、宁可……也(决)不。

　　例如：你说的是电视剧还是电影？

　　(3)转折关系中的关联词有：可是、但是、虽然……可是、虽然……但是、尽管……还、虽然(虽是、虽说、尽管、固然)……但是(但、可是、然而、却)、却、不过、然而、只是。

　　例如：虽然他已经很努力了，但是这次考试的成绩依然不好。

　　(4)因果关系中的关联词有：因此、因为……所以、既然……就、因为(由于)……所以(因此、因而)、之所以……是因为、既然(既)……就(便、则、那么)。

　　例如：她之所以是第一名，是因为她比其他人付出了更大的努力。

　　(5)条件关系中的关联词有：只要……就、只有……才、凡是……都、不管……总、只有……才、除非……才、只要……就、无论(不论、不管、任凭)……都(也、还)。

　　例如：只要认真对待一件事，就一定会有所收获。

　　(6)递进关系中的关联词有：不但……还、不仅……还、除了……还有、不但……而且、不但(不仅、不光)……而且(并且)、不但……还(也、又、更)、何况、而且、况且、尤其、甚至。

　　例如：这本书不但写出了作者的遭遇，还写出了作者的思想感情。

　　(7)假设关系中的关联词有：如果……就、要是……就、即使……也、哪怕……也、如果(假使、假如、要是、倘若、要是)……那么(就)、即使(就算、就是、哪怕、纵使)……也(仍然、还是)。

　　例如：如果你一直不吃饭，身体就会变得很糟糕。

　　(8)取舍关系中的关联词有：宁可……也不、与其……不如……

　　例如：他宁可绝食，也不想去上学。

　　◆ 练一练：选取三个上述的关联词造句。

　　1. _____

　　2. _____

　　3. _____

☞综合练习

　　一、用所给的词语造句。

　　(1)著名：

　　(2)致敬：

　　(3)普遍：

　　(4)汇合：

　　(5)独特：

　　(6)四季如春：

二、选择合适的词语填空。

(1) 安静　　安宁　　平静　　安定　　平安

A. 放学之后的校园十分_____，只有偶尔传来一两声小猫的叫声。

B. 恭喜这位新手爸爸，您夫人和您的女儿母女_____！

C. 他在清凉的晚风吹拂下，心情渐渐_____下来。

D. 等这一切都_____下来后，我就带着你去环游世界。

E. 小镇上的人们一直过着_____的生活。

(2) 主要　　首要　　要紧　　重要

A. 他最_____的问题是上课不认真听课。

B. 他只是擦伤了手指，并不_____。

C. 拒绝无意义的消耗对于自我心理调节来说很_____。

D. 我们当下的_____任务是做好疫情防控。

三、根据课文内容判断正误。

1. 中国地势整体上西高东低，自西向东呈三级阶梯状下降。（　　）

2. 雅丹地貌因溶蚀、流水冲击而成。（　　）

3. 根据地理位置，中国可以划分为六大区域。（　　）

4. 著名的少林寺就位于华山脚下。（　　）

5. 华东地区自然条件优越，物产资源丰富，商品生产发达，工业种类齐全，是中国综合技术水平最高的地区，北京是中国的经济中心。（　　）

四、根据课文内容，回答问题。

(1) 中国的地形有哪五种？

(2) 总结中国的气候特点。

(3) 造成黄土地貌的主要原因是什么？

五、写作。

"毛乌素沙漠治理实践，做出了让世界向中国致敬的事情"，而中国不仅仅止步于此，著名的"塞罕坝事迹"更是世界看到了人类所创造的绿色文明奇迹。请查阅相关资料，谈谈你对"塞罕坝精神"内涵意义的理解。

☞拓展阅读

中国地理之最

中国最大的淡水湖——鄱阳湖，位于江西省，面积 4125 平方公里。

中国最大的咸水湖——青海湖，位于青海省，面积 4435 平方公里。

中国最深的湖——长白山天池，海拔 2189.1 米，平均水深 204 米，最深处达 373 米。总蓄水量 20.4 亿立方米。

中国海拔最高的湖——纳木错，海拔 4718 米，东西长 70 多公里，南北宽 30 多公里，面积约 1920 平方公里。

中国最长最大的河——长江，长 6300 公里，发源于青藏高原，干流流经 11 个省、自治区、直辖市，注入东海。

中国（世界）含沙量最大的河流——黄河，黄河干流的多年平均年输沙量为 16 亿吨，含沙量为 35 千克/立方米。

中国最长的内流河——塔里木河，塔里木河全长 2137 公里，为世界第 5 大内流河。

中国最长的地下河——坎儿井，位于新疆吐鲁番，总数达 1100 多条，全长约 5000 公里。坎儿井与万里长城、京杭大运河并称为中国古代三大工程。

中国海拔最高的大河——雅鲁藏布江，是中国最长的高原河流，位于西藏，也是世界上海拔最高的大河之一。

中国最大的海——南海，自然海域面积约 350 万平方公里，其中中国领海总面积约 210 万平方公里，为中国近海中面积最大、水最深的海区，平均水深 1212 米，最大深度 5559 米。

中国最浅的海——渤海，海域面积 77284 平方公里，大陆海岸线长 2668 公里，平均水深 18 米，最大水深 85 米，20 米以下的海域面积占一半以上。

中国最大的岛屿——台湾岛，总面积 3.58 万平方公里。

中国最大的群岛——舟山群岛，位于浙江省，东西长 182 公里，南北宽 169 公里，海域面积 2.2 万平方公里。

中国最大的盆地——塔里木盆地，位于中国新疆南部，盆地南北最宽处 520 公里，东西最长处 1400 公里，面积约 40 多万平方公里。

中国(世界)最高的山脉——喜马拉雅山脉，位于青藏高原南部边缘，其中有110多座山峰高达或超过海拔7350米。

中国(世界)最高的山峰——珠穆朗玛峰，2020年测量其海拔高度为8848.86米，为世界第一高峰。位于中国与尼泊尔边境线上，是喜马拉雅山的主峰，号称"地球之巅"。

中国陆地最低点——吐鲁番盆地的艾丁湖海拔-155米，位于新疆维吾尔自治区吐鲁番市。

中国地势最低平的省——江苏省，绝大部分在海拔50米以下。

中国(世界)海拔最高的高原——青藏高原，被称为"世界屋脊""第三极"。

中国最大的沙漠——塔克拉玛干沙漠，东西长约1000公里，南北宽约400公里，面积达33万平方公里。

中国最大的瀑布——黄果树瀑布，瀑布高度为77.8米，其中主瀑高67米；瀑布宽101米。

中国(世界)最大、最高、最深的峡谷——雅鲁藏布大峡谷，全长504.6公里，最深处6009米，平均深度2268米，是世界第一大峡谷。

中国热极——吐鲁番(新疆)：夏季年平均气温在43℃以上，1975年7月13日达到49.6℃

中国冷极——漠河县(黑龙江省)：冬季年平均气温在零下35℃以下，1月平均气温为零下30.6℃，1969年2月13日最低气温零下52.3℃

中国干极——托克逊(新疆)，年均降水量不足20毫米，最低记录是5.9毫米。年降水天数不足10天。

中国面积最大的省级行政区——新疆维吾尔自治区，面积166万平方公里。

中国最大的城市——上海，人口2487万人(第七次人口普查数据)，2021年GDP产值4.3万亿元。

中国(世界)距离海洋最远的大城市——乌鲁木齐，它与海岸的最近距离为2250公里。

◎ **思考:**

(1)中国地理之最中你最感兴趣的是什么？搜集更多资料，进一步了解它。

(2)你所在的国家或地区有哪些突出的地理特征？试与中国地理之最进行比较。

第三章　中国的政治

☞知识导读

中国古代从部落联盟时期的推举禅让①选拔领导者，到夏朝建立第一个国家进入奴隶社会，到秦始皇统一六国，建立第一个封建制国家，到 1911 年辛亥革命推翻帝制，结束两千多年的封建统治，再到 1949 年中华人民共和国成立，人民当家做主，中国经历几千年发展，无论是政权形式还是政治格局，都具有非常明显的发展脉络和结构特征。

☞课文精读

中国的政治包括国家的政权组织形式、国家治理模式、国家权力机关的构成、官员选拔任免、典章制度等。本章选取其中最重要、最有代表性的几个方面进行介绍。

一、政治形态②

五六千年前，中国进入部落联盟时期，这一时期，首领都是经推举产生，部落首领尧年老了，召开部落会议，大家推举舜做部落首领，舜年老了，退位给治水有功劳的禹。这就是"禅让制"。约公元前 2070 年，禹死后，禹的儿子启继承了王位，成为中国历史上由"禅让制"变为"世袭制"的第一人，建立了中国最早的国家夏朝，同时也标志着原始社会结束，中国进入奴隶社会。作为中国历史上第一个国家，夏朝建立了一系列国家管理机构和规则，用来维护国家政权的军队、官吏、监狱和法律等都已经建立起来了。

公元前 221 年，秦始皇建立了中国历史上第一个统一的多民族封建国家——秦。从此，中国进入封建专制主义时代，中央集权制度成为封建社会的根本政治制度，体系很完整，影响很深远。专制主义是指一个人或少数几个人独裁的政权组织形式，体现在皇位终身制和世袭制上，其主要特征是皇帝独裁，把国家最高权力集于一身，从决策到行使军事财政大权都具有独裁性和随意性。中央集权是指地方政府在政治、经济、军事方面没有独立性，必须严格服从中央政府的命令。中国封建专制主义中央集权制度萌芽于战国，建立于秦朝，巩固于西汉，完善于隋唐，加强于北宋，发展于元朝，极盛于明清。一直到 1911 年辛亥革命推翻了清朝统治，才结束了两千多年的封建专制主义中央集权制度。辛亥革命是中国现代史的起点，极大地推动了中国社会变革，一大批受过西方现代思想教育

---

①　禅让 shànràng：禅让是中国原始社会部落联盟民主推选首领的制度，指在位君主生前便将统治权让给他人，让更贤能的人统治国家。

②　政治形态：在本文中的意思是指政治权力拥有者运行政治权力进行国家管理、政治决策的方式。

的知识分子大力宣传民族平等、民权自由、民生幸福的民主思想，并建立起共和政体的中华民国。但辛亥革命并没有重新建立社会结构，没有完成实现民族独立、人民解放的历史任务。这个任务在中国共产党的带领下，经过几十年艰苦的革命斗争，于 1949 年建立新中国才终于完成。中华人民共和国成立后，实行中国共产党领导下的多党合作和政治协商制度，实行人民代表大会制度，国家的一切权力属于人民，人民成为国家的主人。

二、职官制度

职官制度（官制）是政权机构的重要组织制度，中国历史上有以下几个代表性的官制：

国家形成之前，部落是以血缘关系为基础，以家族为核心的氏族组织，实行的是家长制和推举制。国家形成之后，国家领导由推举变为世袭，王权和贵族都由特定的人群组成，开始建立一套维护奴隶主专政的职官制度。比如夏朝，夏王是最高统治者，集军政大权于一身。除了君王，还有主管教育的官员、负责税收的官员、管理车辆和饮食的官员等。

在中国的职官史上，战国是一个转变时期，国君提高了与他们没有血缘关系的官员的权力，但又能控制他们的任免甚至生死，这就为后来的封建专制的中央集权制的建立奠定了基础。到了封建社会，中央集权进一步加强，逐渐形成了完备的封建职官制度。

中国古代官制分为中央官制和地方官制，中央官制是中央政权的决策机制及职官设置的制度。各个朝代都特别重视中央官制的建设，如秦汉建立的三公九卿制、隋唐时期的三省六部制以及明朝建立的内阁制等。

三公九卿制是在秦、汉时期建立的中央官制，三公指的是丞相、御史大夫和太尉，分别负责国家的行政、监察和军事。九卿①为中央政府各部门的主要行政负责人。秦汉中央官制的重要特点是国事与君主家事不分。

隋唐时期建立起以皇帝为中心的三省六部制②，是中国官制的重大改革，并且一直沿用到清朝。三省六部制组织严密，各部门分工合作，又互相监督。

内阁制是明朝建立的，最初只是皇帝的秘书机构，后来权力增大并逐渐成为明朝的行政中心，它有利于皇帝将军政大权集中于手上，使君主专制得到加强。

1949 年，中华人民共和国成立后，明确提出新中国实行人民代表大会制度。规定中华人民共和国的一切权力属于人民。人民行使权力的机关是全国人民代表大会和地方各级人民代表大会。中国的国家机构，除全国人民代表大会之外，主要还有：

中华人民共和国主席——中华人民共和国国家机构的重要组成部分，代表国家进行国事活动，中华人民共和国主席、副主席由全国人民代表大会选举产生。

中华人民共和国国务院——即中央人民政府，是中国最高国家行政机关，由总理、副

---

① 九卿（qīng）指：奉常、郎中令、卫尉、宗正、太仆、廷尉、典客、治粟内史、少府。

② 三省六部制：是中国古代封建社会一套组织严密的中央官制。它始于西汉，确立于隋朝，完善于唐朝，一直沿袭到清末。三省指中书省、门下省、尚书省。中书省掌管机要、起草政令；门下省是皇帝的侍从机构，与中书省同掌机要，并负责审核政令；尚书省最初为皇帝的秘书机关，后演变为国家最高行政机关，负责执行政令，下设六部。六部指吏部（负责官员管理）、户部（负责户籍、财政）、礼部（负责教育、外交）、兵部（负责军事）、刑部（负责司法）和工部（负责工程建设）。

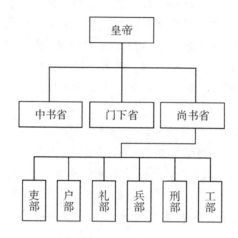

总理、国务委员、各部部长、各委员会主任、审计长、秘书长组成。

国家监察委员会——是国家的监察机关，中华人民共和国设立国家监察委员会和地方各级监察委员会。国家监察委员会是最高监察机关。

中华人民共和国中央军事委员会——领导全国的武装力量。中央军事委员会实行主席负责制。

人民法院——是国家的审判机关，中国设立最高人民法院、地方各级人民法院和军事法院等专门人民法院。最高人民法院是最高审判机关。

人民检察院——是国家的法律监督机关，中国设立最高人民检察院、地方各级人民检察院和军事检察院等专门人民检察院。最高人民检察院是最高检察机关。

其他还有地方各级人民代表大会和地方各级人民政府、民族自治地方的自治机关等。

三、人才选拔

国家的管理和各项制度的实施最终都需要各级官员来执行，因此选好官用对人非常关键。每个朝代都在不断探索和完善选官制度。中国古代的人才选拔标准是由家世、财产逐渐发展到才能，人才选拔逐步走向公平、客观。

部落联盟时期，首领通过推举有才能的人产生。启建立夏朝后，奴隶社会的贵族和官员都是世袭制。秦统一后，大部分官吏来自于在战场上立了功劳的人。

汉代在秦的基础上，建立和发展了一套选拔人才的制度，包括大臣推举、考试、出钱买官等多种方式，但总体来讲，是由下向上推举人才，以考察、推举为主，考试为辅。但汉朝选才之权集中在皇帝以及官员之手，人为因素影响大，造成平民中的优秀人才不能得到重用。

魏晋时期采用"九品中正制"①的选官用人制度，这是对汉代选官传统的延续。但到

---

① 九品中正制：Nine-rank system，又称九品官人法，是魏晋南北朝时期重要的选官制度，在朝官中推选有声望的人担任"中正官"，负责察访本地士人，按其家庭出身、个人才能品德评定九个等级，根据等级向吏部举荐当官。九品中正制上承两汉察举制，下启隋唐科举制，是中国封建社会三大选官制度之一。

后来，出现考官被垄断的情况，大量优秀的人才也无法得到任用。隋唐时期在选官上实行科举制，读书人都可自行报名参加考试。这种公开考试录用人才的方式，改变了自秦汉以来以推荐为主的官吏选拔制度，是中国古代选官制度的重大改革，为以后历代王朝所沿用。科举制扩大了国家录用人才的社会层面，吸收了大量中下层人才进入统治阶级，是中国古代文化发展的一个里程碑。科举制是封建时代所能采取的最公平的人才选拔形式，日本、朝鲜、越南等国家也受中国影响采取考试选拔官吏。

但到了明清时期，为控制读书人的思想，科举试卷只能从儒家的四书五经①中选题，不许发挥个人意见，对答卷的格式有严格的规定，称为"八股文"②。这使得考试完全脱离现实生活，严重限制了人们的思想。1905 年，科举制已不适应社会的需要，清政府废除了科举制。

新中国成立以后，中国逐步建立起一套新的干部人事制度，其基本经验和成果有：第一，强调官员要对党忠诚、坚决执行党的路线；要德才兼备、以德为先；不同部门、不同层次、不同职位有不同的选人用人标准。第二，坚持党管干部的原则并建立了干部分类管理的体制，如党政领导干部制度、公务员制度、国有企业人事制度、事业单位人事制度等。第三，不断推进干部人事制度的科学化、民主化、制度化，干部人事制度要体现公平、公正、公开、透明。

当代中国的干部人事制度吸收借鉴了中国古代官员制度、其他国家公务员制度的很多有益成分。例如公务员考试录用制度既吸收了中国古代科举制的做法，又借鉴了国外公务员考试录用的合理成分。

四、礼法合治

在古代中国，社会秩序是通过"礼法合治"的方式实现的，"礼"与"法"（刑）相辅相成，共同构成了中国古代社会治理的两大基础。法治就是依法办事，依法治国，社会人际关系及各项事务的处理都以法律为标准，客观、公正是其根本原则。礼是中国传统文化的核心，在以儒家思想为正统思想的封建社会，礼始终具有重要地位，礼是中国古代人们日常行为的规范和评判是非的标准，是维护社会秩序、实现社会稳定的最理想手段。礼应用于政治，就是礼治，是体现社会等级秩序的礼仪制度。在国家形成之前，法治还未出现，礼治就是维护部落稳定和运行的核心，并通过血缘关系、宗族关系、家长制来实现礼治。而第一个国家夏朝出现后，统治者为了维护世袭制，开始萌生法治思想，宣传统治者是天子，其统治来自于天命，是在替天管理人民。夏朝统治稳定之后，制定了《禹刑》，这是中国历史上的第一部正规法典，以习惯法为主，礼法并用。在中国几千年历史中，统治者始终将礼的精神与法律结合起来，礼所允许的行为，法律也不禁止；礼不允许的行为，法律也会禁止。某种程度上礼也具有法的性质，因此，礼法合治，把法律规范和道德规范统一起来，以法的强制力量来推行礼的规范，以礼的精神力量来加强法的统治作用，是中国

---

①　四书五经：四书是儒家经典《论语》《孟子》《大学》《中庸》四本书的合称。五经是儒家经典《诗经》《尚书》《礼记》《周易》《春秋》五本书的合称。

②　八股文：是指文章的八个部分有固定格式：由破题、承题、起讲、入题、起股、中股、后股、束股八部分组成。

古代法制文明的主要特征，即便到了今天，其对社会主义法治建设仍具有重要的参考价值。

中华人民共和国成立后，中国持续加强社会主义法制建设，做到"有法可依、有法必依、执法必严、违法必究"；提出"科学立法、严格执法、公正司法、全民守法"的依法治国基本方略，"建设社会主义法治国家"被写入宪法，中国特色社会主义法律体系基本形成。

☞**重要生词**

1.	推翻	tuīfān	overthrow；overturn
2.	帝制	dìzhì	autocratic monarchy
3.	当家作主	dāngjiāzuòzhǔ	be in power；be the master
4.	格局	géjú	pattern；setup
5.	脉络	màiluò	sequence of ideas；thread of thoughts
6.	模式	móshì	model；pattern
7.	权力	quánlì	power；authority
8.	机关	jīguān	office；organ；institution
9.	任免	rènmiǎn	appoint and remove
10.	典章	diǎnzhāng	decrees and regulations
11.	首领	shǒulǐng	chieftain；leader
12.	功劳	gōngláo	contribution；credit
13.	维护	wéihù	maintain；stick up for
14.	军队	jūnduì	army；troops
15.	官吏	guānlì	government officials
16.	监狱	jiānyù	prison；jail
17.	专制	zhuānzhì	autocratic；despotic
18.	体系	tǐxì	system；hierarchy
19.	独裁	dúcái	dictatorship；autocratic rule
20.	终身制	zhōngshēnzhì	lifelong tenure
21.	决策	juécè	make policy；policy decision
22.	行使	xíngshǐ	exercise；perform
23.	军事	jūnshì	military affairs
24.	财政	cáizhèng	government finance；public economy
25.	随意	suíyì	at will；free rein
26.	巩固	gǒnggù	strengthen；consolidate
27.	变革	biàngé	transform；reform
28.	知识分子	zhīshifènzǐ	intellectual；the intelligentsia
29.	宣传	xuānchuán	propagate；disseminate
30.	民权	mínquán	civil rights；civil liberties

31. 民生	mínshēng	the people's livelihood
32. 解放	jiěfàng	liberate；emancipate
33. 职官	zhíguān	official post；officials
34. 血缘	xuèyuán	consanguinity；blood relationship
35. 氏族	shìzú	clan
36. 特定	tèdìng	given；specified
37. 税收	shuìshōu	tax revenue
38. 奠定	diàndìng	establish；settle
39. 完备	wánbèi	complete；perfect
40. 机制	jīzhì	mechanism
41. 行政	xíngzhèng	administration
42. 监察	jiānchá	supervise；monitor
43. 沿用	yányòng	continue to use
44. 严密	yánmì	tight；close；tidy
45. 监督	jiāndū	supervise；supervision
46. 国事	guóshì	national affairs
47. 选举	xuǎnjǔ	elect；election；vote
48. 武装	wǔzhuāng	arms；military equipment
49. 法院	fǎyuàn	court of justice
50. 审判	shěnpàn	trial；try
51. 设立	shèlì	establish；set up；found
52. 检察院	jiǎncháyuàn	procuratorate
53. 实施	shíshī	implement；carry out；enforce
54. 探索	tànsuǒ	explore；probe
55. 家世	jiāshì	family background
56. 人为	rénwéi	artificial；man-made
57. 延续	yánxù	continue；go on；last
58. 垄断	lǒngduàn	monopolize；forestall
59. 录用	lùyòng	employ；give a post to sb
60. 脱离	tuōlí	separate oneself from
61. 废除	fèichú	abolish；abrogate；repeal
62. 干部	gànbù	cadre
63. 人事	rénshì	personnel matters
64. 忠诚	zhōngchéng	loyal；faithful
65. 德才兼备	décáijiānbèi	have both ability and political integrity
66. 职位	zhíwèi	position；post
67. 体制	tǐzhì	system of organization
68. 公正	gōngzhèng	just；fair；impartial

69. 透明	tòumíng	transparent；vifrification
70. 借鉴	jièjiàn	use for reference；draw lessons from
71. 秩序	zhìxù	order；sequence
72. 相辅相成	xiāngfǔxiāngchéng	exist side by side and play a part together
73. 正统	zhèngtǒng	legitimism；orthodox
74. 规范	guīfàn	standard；norm；specification
75. 评判	píngpàn	pass judgment on；judge
76. 礼仪	lǐyí	etiquette；rite；protocol
77. 宗族	zōngzú	patriarchal clan
78. 正规	zhèngguī	regular；standard；normal
79. 法典	fǎdiǎn	code；statute book
80. 强制	qiángzhì	force；compel
81. 法制	fǎzhì	legality；legal system
82. 方略	fānglüè	general plan，strategy
83. 宪法	xiànfǎ	Constitution；charter

☞专有名词

1. 世袭制	shìxízhì	hereditary system
2. 中央集权	Zhōngyāng jíquán	centralization of authority
3. 共和政体	Gònghé zhèngtǐ	republic
4. 中华民国	Zhōnghuá mínguó	Republic of China
5. 政治协商制度	Zhèngzhì xiéshāng zhìdù	Political consultation system
6. 人民代表大会制度	Rénmín dàibiǎo dàhuì zhìdù	The system of people's congresses
7. 内阁制	nèigézhì	Cabinet system
8. 中华人民共和国主席	Zhōnghuá rénmín gònghéguó zhǔxí	President of the People's Republic of China
9. 国务院	guówùyuàn	the State Council
10. 总理	zǒnglǐ	Prime Minister
11. 国务委员	Guówù wěiyuán	State Councilor
12. 审计长	shěnjìzhǎng	Auditor General
13. 秘书长	mìshūzhǎng	Secretary general
14. 监察委员会	jiānchá wěiyuánhuì	Supervisory Committee
15. 中央军事委员会	Zhōngyāng jūnshì wěiyuánhuì	Central Military Commission
16. 人民法院	rénmín fǎyuàn	People's Court
17. 人民检察院	rénmín jiǎncháyuàn	People's Procuratorate

18. 公务员	gōngwùyuán	government officials
19. 国有企业	guóyǒu qǐyè	state-owned enterprise
20. 事业单位	shìyè dānwèi	government-affiliated institutions
21. 禹刑	Yǔxíng	Yu Punishment
22. 习惯法	xíguànfǎ	common law

☞综合注释

一、**中国经历几千年发展，无论是政权形式还是政治格局，都具有非常明显的发展脉络和结构特征。**

"无论是 X 还是 Y，都 Z"，这种句式里的"是 X 还是 Y"表示一种选择关系，相当于"或者""不管"。

例如：

1. 无论是爱情还是友情，都需要我们用心去经营。

2. 无论是老师还是家长，都应该给予孩子更多的鼓励。

◆ 练一练：完成下列句子。

(1)无论是禅让制还是世袭制，都_____。

(2)无论是读书还是写字，都_____。

二、**一直到 1911 年辛亥革命推翻了清朝统治，才结束了两千多年的封建专制主义中央集权制度。**

"一直到……，才……"表示某个关键时间节点或重大事件到来或发生才标志某一件事最终完成。

例如：

1. 一直到天黑，我才写完作业。

2. 一直到比赛快开始了，他才来签到。

◆ 练一练：用"一直到……，才……"造句。

(1)_____。

(2)_____。

三、**但总体来讲，是由下向上推举人才，以考察、推举为主，考试为辅。**

"以……为主，……为辅。"用以区分主次。

例如：

1. 学习应该以思考为主，练习为辅。

2. 减肥应该以加强体育锻炼为主，控制饮食为辅。

◆ 练一练：连词成句(用"以……为主，……为辅")

(1)休息　　睡觉　　娱乐

_____。

(2)锻炼表达能力　　实践练习　　理论学习

_____。

☞**综合练习**

一、用所给的词语造句。

(1)完善：

(2)规范：

(3)禁止：

(4)废除：

(5)相辅相成：

(6)德才兼备：

二、选择合适的词语填空。

(1)剧烈　　强烈　　激烈　　热烈　　猛烈

A. 演讲结束后，教室里响起了_____的掌声。

B. 饭后不宜进行_____运动。

C. 强者往往拥有_____的信念。

D. 经过一番_____的讨论，他们终于统一了意见。

E. 战士们冒着敌人_____的炮火匍匐向前。

(2)严厉　　严格　　严肃　　严重　　严峻　　严密

A. 在_____的自然灾害面前，人类面临着_____的考验。

B. 看着妈妈那_____的表情，我吓得不敢吭声。

C. 老师把我叫到办公室_____地批评了我。

D. 我一直对自己要求比较_____。

E. 思维_____的人，一般表达能力也比较好。

三、用括号里的词语完成句子。

(1)个体与社会是紧密相联的，_____。（发展）

(2)要发展就必须创新，_____。（废除）

(3)那座老建筑去年就被拆除了，_____。（建造）

(4)各具特色的民族文化，_____。（繁荣）

(5)做研究不能只局限于理论，_____。（考察）

四、根据课文内容，回答问题。

(1)四书五经包含哪些内容？

(2)中国历代典型的选举制度有哪些？

（3）中国各朝代的人才选拔制度分别是什么？

五、写作。

从古至今，中国的政治社会制度不断演变，推动着中国向前发展。请结合课文内容并查阅相关资料，谈谈中国古代政治社会制度对现代中国政治社会发展的影响。

☞**拓展阅读**

人民代表大会制

中国人民从长期的探索和奋斗中深刻地认识到，要实现民族独立、国家富强和人民幸福，就必须建立人民当家作主的全新的政治制度。符合中国国情、符合中国人民根本利益的国体，只能是工人阶级领导的、以工农联盟为基础的人民民主专政的社会主义国家；与之相适应的国家政权组织形式，只能是民主集中制的人民代表大会制度。人民代表大会制度是体现中国国家性质的最好形式。

中国人民作为国家的主人，要通过一定的制度来实现掌握国家的权力。人民代表大会制度便利人民行使自己的权力，便利人民群众经过这样的政权组织参加对国家各项事务的管理，从而得以充分发挥人民群众的积极性和创造性。

中国的国家机构实行民主集中制的原则，在人民代表大会统一行使国家权力的前提下，合理划分国家权力机关和行政、审判、检察机关的权限，协调一致地开展工作，并注意发挥中央和地方两个积极性。这样的国家体制，最符合中国实际，最符合中国国情。

人民代表大会制度的内容主要有以下方面：

1. 各级人大都由民主选举产生，对人民负责，受人民监督。民主选举是民主集中制的基础。选举权和被选举权是人民行使国家权力的重要标志。选民（在直接选举中）或选举单位（在间接选举中）有权依照法定程序选举代表，并有权依照法定程序罢免自己选出的代表。

2. 人大和它的常委会集体行使国家权力，集体决定问题，严格按照民主集中制的原则办事。宪法规定了人大及其常委会的职权。按照这一规定，全国性的重大问题经过全国人大及其常委会讨论和决定，地方性的重大问题经过地方人大及其常委会讨论和决定，而不是由一个人或少数几个人决定，这就能使国家的权力最终掌握在全体人民手中。

3. 国家行政机关、审判机关、检察机关都由人大产生，对它负责，向它报告工作，受它监督。这样，既使国家的行政、审判、检察机关不脱离人民代表大会或者违背人民代表大会的意志而进行活动，又能使各个国家机关在法律规定的各自职权范围内独立负责地进行工作，形成一个统一的整体。

4. 中央和地方国家机构职能的划分，遵循在中央统一领导下，充分发挥地方的主动性、积极性的原则。全国人大和地方各级人大各自按照法律规定的职权，分别审议决定全国的和地方的大政方针。全国人大对地方人大不是领导关系，而是法律监督关系、选举指导关系和工作联系关系。国务院对各级地方政府是领导关系。全国人大和国务院决定的事情，地方必须遵照执行，同时给地方以充分的自主权。这样，既有利于统一领导，又有利于发挥地方积极性。

5. 中国是一个统一的多民族国家，各少数民族聚居的地方实行民族区域自治。民族区域自治地方的自治机关，一方面受中央和上级机关的领导，行使宪法赋予的一般地方国家机关的职权；另一方面享有宪法和法律赋予的自治权。这样，就能够把各民族紧密地团结在一起。

中国是世界上最大的发展中国家，人口多、底子薄，改革开放以来，中国创造经济快速发展奇迹和社会长期稳定奇迹"两大奇迹"，中华民族实现了从站起来、富起来到强起来的伟大飞跃，中国特色社会主义进入了新时代。这与人民代表大会制度提供的重要制度保障是分不开的。人民代表大会制度遵循在中央统一领导下，合理划分中央和地方职权，充分发挥地方主动性和积极性，保证国家统一高效组织推进各项事业；在少数民族聚居地区实行区域自治，巩固和发展平等团结互助的社会主义民族关系，实现全国各族人民的大团结；通过把各地区、各阶层、各民族、各方面的代表人物吸纳到国家政权中发挥作用，维护国家的政治稳定和长治久安。

◎ 思考：

(1) 人民代表大会制度有什么特点？

(2) 你如何看待人民代表大会制度？

第四章　中国的思想与哲学

☞知识导读

　　哲学是研究人类的思想和对社会、万物、宇宙、人生的认知的学科。西方哲学本质上是讲究逻辑的理性哲学，中国哲学本质上是人生哲学，它探索的是人心的本源，解决的是人如何安身立命的问题。"中国哲学的功能不是为了增进正面的知识，而是为了提高人的心灵，体验高于道德的价值。"①

☞课文精读

　　中国的哲学思想源远流长，深厚广博。中国传统哲学的发展可划分为七个阶段，即春秋百家争鸣、两汉经学、魏晋玄学、隋唐佛学、宋明理学、明清实学、乾嘉朴学。

一、春秋百家争鸣

　　春秋战国时期，中国社会发生重大变革，各种思想流派纷纷提出治理国家的主张，同时各流派彼此吸收、融合，于是出现了思想领域里"百家争鸣"的局面，逐步形成了中国的传统文化体系。"百家争鸣"是中国历史上第一次思想解放运动，是中国学术文化、思想道德发展史上的重要阶段，奠定了中国思想文化发展的基础。春秋战国时期主要的思想流派及各自的主张有：

　　儒家：儒家是春秋战国时期重要的学派之一，其代表有孔子、孟子和荀子。儒家思想的核心简单总结起来就是"忠、孝、仁、义"。儒家主张对国家、民族要忠诚，与人交往要诚信；对父母、长辈要尊敬、孝顺；对他人要有仁爱之心；行为、思想都要符合道德原则和"礼"的规范；儒家提出以礼治国，以德服人，实行仁政。儒家思想中的伦理道德观和价值观成为中华民族文化的核心和灵魂，直到今天，它依然是中国人最重要的精神支柱。

　　道家：道家是由老子创立的学派。道家哲学主张要顺从自然、尊重自然，要和自然和谐统一，不能做违背自然的事情；认为人应有独立自主的自由性，重视个体生命和精神自由；他们主张清净无为、远离政治、朴素简单，因此道家思想成为历代文人远离残酷现实的精神家园。

　　墨家：墨家的创始人是墨翟。墨家在伦理观上，提出"兼爱"，主张应该平等地爱所有人。在政治上主张"非攻"，反对一切侵略战争。墨家学说没有得到统治者的支持。墨家后来分为两支：一支注重认识论、逻辑学、数学、光学、力学、建筑学等学科的研究，

---

　　①　冯友兰：《中国哲学简史》，中华书局 2015 年版，第 17 页。

另一支则转化为秦汉社会的游侠。

法家：战国时期，李悝、商鞅等人创立了法家学派。韩非子吸收发展前人的理论，集法家思想学说之大成。法家提出了以法治国的主张，其学说为君主专制的大一统王朝的建立，提供了理论根据和行动方略，成为中央集权者维护统治的主要手段。当代中国法律的诞生就是受到法家思想的影响。

兵家：兵家指中国古代的战略家和军事家，也指研究战略与战争的学派，创始人是孙武。孙武提出战争要注重了解情况，全面地分析敌我形势，掌握战争规律。孙武所著的《孙子兵法》是世界公认的现存最古老的军事理论著作，被誉为"兵学圣典"，对当时及后世影响很大，传播很广。

二、两汉经学

先秦时期，儒家只是诸子百家中的一家，地位并不突出。到了汉代，很多学者致力于研究六经等儒家经典，这种学问被称为经学，经学是儒学发展的新阶段，其中最有名的经学家是董仲舒，他创建了一个以儒学为核心的新的思想体系，对当时社会上的一系列哲学、政治、社会、历史问题，给予了较为系统的回答，深得汉武帝的赞赏，他接受董仲舒建议，将儒学作为正统思想。董仲舒提出了用思想统一来巩固政治统一，思想应该统一到以孔子为代表的儒家上。他还认为君主应行"德政"，否则，"天"就会使君主失去天下，这种思想限制了皇帝的权力，为整个封建社会的长治久安作出了重要的贡献，意义深远。这个时期的经学家还创建出"三纲五常"①等理论，这些社会伦理两千年来一直深刻影响着中国人的文化心理。

三、魏晋玄学

东汉末年，国家分裂，战争频繁，社会矛盾尖锐，政治斗争残酷，使得统治阶级中不少人思想消极，他们跳出传统的儒家思维方式，对宇宙、社会、人生进行哲学反思，于是玄学应运而生。玄学的含义是指思想与行为两个方面：思想观点神秘模糊，专门探讨本体论②问题；行为远离具体事务。《老子》《庄子》《周易》，被称为"三玄"。魏晋玄学是以道家思想为骨架、结合了一些儒家理论，其核心内容涉及哲学的很多领域，包括本体论、知识论、伦理学、美学等，都是前人没有深入研究的问题。玄学并没有脱离儒学的范围，还是儒家的玄学。

---

① 三纲五常：sān gāng wǔ cháng，封建礼教所提倡的人与人之间的道德标准。三纲即君为臣纲、父为子纲、夫为妻纲，意思是臣民对君主要忠诚，子女对父母要孝敬，妻子对丈夫要顺从。五常即仁（人道）、义（负责）、礼（道德）、智（知识）、信（诚信）。三纲五常是中国儒家伦理文化中的重要思想，在漫长的封建社会中，对维护社会的伦理道德、政治制度、社会稳定等方面起了重要作用，但宋明以后，发展越来越狭隘，等级分化越来越严重，开始以此禁锢人们的言行，逐渐成为封建统治者用于奴化人民的工具。

② 本体论：在中国古代哲学中，又叫"本根论"，它指探究天地万物产生、存在、发展、变化的根本原因和根本依据的学说。玄学重视宇宙本体论和人格本体论，认为万事万物内在的依据和道理是本体，万事万物存在的表象是末，要关注事物和现象背后的理。玄学把哲学思维带入一个重要的转折点，重新又由宗教回归哲学，由迷信回归理性。

四、隋唐佛学

东晋以后，玄学和佛学融合，慢慢地佛学代替了玄学，出现了很多佛学大师，翻译和注释了很多佛经，佛学在中国空前繁荣并走向成熟。禅宗是最具有中国特色的佛教流派，它融进了道家"清静无为、天人合一"等自然主义哲学和儒家的传统心性学说，把复杂多样的世界说成是心理、念头的产物，离开心之外，没有任何事物和现象的存在，重视直觉，认为人的修行靠修心，心灵干净，就能想通很多东西。禅宗学说和修行方法具有正宗哲学的性质，在中国传统知识分子中具有很大的影响，在中国哲学发展史上，隋唐佛学上承魏晋玄学，下开宋明理学，是哲学发展的一个重要环节。

五、宋明理学

又称道学，是宋元明清时期的哲学思潮。理学分两大流派：强调理高于一切的程朱理学和强调心是宇宙万物主宰的陆王心学。程朱理学以程颢(Chéng Yí)、程颐(Chéng Hào)兄弟，朱熹(Zhū Xī)为代表，他们认为，万物都有各自的理，而世界万物又有一个共同的理。理不仅是自然界的根本和主宰，而且是社会伦理道德规范的总和，提出要存天理灭人欲，天理就是人的内在道德本性，人欲是与道德规范对立的、违反天理的。他们还认为通过研究事物原理来获得知识，这就是"格物致知"。程朱理学在元、明、清三代一直是封建社会的官方哲学。陆王心学以陆九渊(Lù Jiǔyuān)、王阳明(Wáng Yángmíng)、王守仁(Wáng Shǒurén)等为代表，他们提倡"心即理"，强调主观精神的作用，认为"心外无物""心外无理"，以内心的良知为天理。他们的最高目标是成圣人，他们认为要通过自觉地学习修行，让自己的道德更完善、人格更高尚，要将个人有限生命扩充至无限圆满。宋明理学将儒家的社会、民族及伦理道德和个人生命信仰，构成了完整的哲学及信仰体系，是中国古代哲学思想的一次巨大飞跃。

六、明清实学

明清实学是儒学发展到明清时期形成的特殊理论形态。一批优秀知识分子如顾炎武(Gù Yánwǔ)、龚自珍(Gōng Zìzhēn)等认为理学、心学是"虚学"，反对空谈，所以与之相对，他们提倡"实学"，简单地说，就是一手抓学习，一手抓实践，既要研读经典，提高品德，还要关心时事，针对社会问题提出解决办法，文人群体应该具有批判精神和科学精神，学术研究要有益于国家，有益于社会发展。明清实学与宋明理学具有既对立又统一的关系，表面上有虚实之争，实际上都是为国家、为皇权服务。

七、乾嘉朴学

清代的文字狱①盛行，研究前朝或当朝一不小心就可能引来杀身之祸，因此文人就避免研究与明、清有直接关系的事物，而去研究上至天文地理，下至各朝规章制度的细节，这种现象在乾隆嘉庆年间尤为盛行，因此被称为乾嘉朴学。虽然朴学有压抑新思维和脱离

---

① 文字狱(literary inquisition)：古时统治者为打击对自己统治不利的思想言论而制造的一些因言论而获罪的案件。中国古代许多朝代都有文字狱，朝鲜、日本等国也有类似事件。中国以清代文字狱最为残酷，这种文化专制政策，造成社会恐怖，传统文化和法制也因此扭曲变形，严重阻碍了社会的发展和进步。

社会的缺点，但是一百多年间，一大批文人们刻苦钻研中国传统文化，对于研究、总结、保存传统典籍起到了非常积极的作用。

中国古代哲学具有鲜明的现实性，关心的重心在于人、事和社会，使得中国哲学家总是具有忧患精神，"为天地立心，为生民立命，为往世继绝学，为万世开太平"①，是古代哲学家的学术理想，也是他们的自觉使命。

1840 年鸦片战争爆发，中国变成半殖民地半封建社会，中国哲学也由古代形态转为现代形态，主张向西方学习，以西方为标准，将西方现代科学知识融入传统哲学框架里，开启了中国哲学现代化的道路。

1919 年五四运动前后，新文化运动的先驱们将马克思主义哲学引入中国，最终在多年的革命实践中产生了具有中国特色的毛泽东思想②和哲学，并以此为指导，中国共产党领导的中国革命才取得了胜利，建立了中华人民共和国。中华人民共和国成立后，马克思主义哲学的中国化进入了新的发展阶段，尤其是 1980 年以后，具有中国特色的社会主义现代化理论的提出，将社会主义精神和现代化精神进行了融合，逐步形成了"富强、民主、文明、和谐、自由、平等、公平、法治、爱国、敬业、诚信、友善"的社会主义核心价值观。这一价值观体系设立了国家建设目标，表述了美好社会前景，也对个人提出了基本道德规范，从国家、社会、个人三个层面立体地建立了社会思想文化和价值观念，是中华民族新的精神支柱和行动方向，具有强大凝聚力和感召力。

☞重要生词

1. 哲学	zhéxué	philosophy
2. 认知	rènzhī	cognition
3. 本质	běnzhì	essence
4. 逻辑	luójí	logic
5. 本源	běnyuán	origin
6. 安身立命	ānshēnlìmìng	one's life has the whereabouts and one'spirit has its entrustment
7. 心灵	xīnlíng	heart, soul
8. 道德	dàodé	morality

---

① 这句话是北宋思想家、理学家张载说的，意思是为社会建立一套仁、孝为核心的精神体系，让天下百姓都有安身立命之处并明确生命的意义，把先圣快要灭绝的学术传统加以继承并发扬光大，并为后世开创出千秋万代的太平基业。这四句话反映了中国古代社会和民众的精神价值、生活意义、学术传承、政治理想等内容。

② 毛泽东思想：毛泽东思想是马克思列宁主义基本原理和中国革命具体实际相结合的产物，是由毛泽东倡导并在二十世纪中国革命中大范围实践的一种政治、军事、发展理论。毛泽东开创性地把辩证唯物主义和历史唯物主义运用于中国革命和建设，从战争、革命、社会阶层、社会建设、共产党的发展各方面提出了实事求是、群众路线、独立自主等基本观点、理论和方法，是马克思主义哲学在中国的运用、丰富和发展。

9. 广博	guǎngbó	Extensive，wide
10. 流派	liúpài	schools
11. 学派	xuépài	schools
12. 诚信	chéngxìn	sincerity
13. 孝顺	xiàoshùn	filial piety
14. 仁爱	rén'ài	charity
15. 以德服人	yǐdéfúrén	win people by virtue
16. 仁政	rénzhèng	benevolent government
17. 伦理	lúnlǐ	ethic
18. 灵魂	línghún	soul
19. 支柱	zhīzhù	pillar
20. 创立	chuànglì	found
21. 和谐	héxié	harmonious
22. 违背	wéibèi	violation
23. 独立自主	dúlìzìzhǔ	stand on one's own
24. 清静无为	qīngjìngwúwéi	quietism
25. 残酷	cánkù	cruel
26. 创始人	chuàngshǐrén	founder
27. 诞生	dànshēng	be born
28. 战略	zhànlüè	strategy
29. 给予	jǐyǔ	give
30. 赞赏	zànshǎng	appreciate
31. 长治久安	chángzhìjiǔān	lasting political stability
32. 尖锐	jiānruì	sharp
33. 消极	xiāojí	negative
34. 反思	fǎnsī	reflect
35. 应运而生	yìngyùnérshēng	emerge as the times require
36. 涉及	shèjí	involve
37. 直觉	zhíjué	intuition
38. 修行	xiūxíng	practice
39. 思潮	sīcháo	thought
40. 主宰	zhǔzǎi	dominate
41. 良知	liángzhī	conscience
42. 圣人	shèngrén	sage；wise man
43. 高尚	gāoshàng	noble；lofty
44. 圆满	yuánmǎn	satisfactory；perfect
45. 信仰	xìnyǎng	faith；belief
46. 飞跃	fēiyuè	leap

47. 品德	pǐndé	moral character；quality
48. 批判	pīpàn	criticize；repudiate
49. 对立	duìlì	oppose；antagonism
50. 盛行	shèngxíng	be current；prevail
51. 杀身之祸	shāshēnzhīhuò	a fatal disaster；be killed
52. 规章	guīzhāng	rules；regulations
53. 压抑	yāyì	constrain；depress
54. 典籍	diǎnjí	ancient books and records
55. 忧患	yōuhuàn	suffering；misery
56. 使命	shǐmìng	mission
57. 先驱	xiānqū	pioneer；forerunner
58. 前景	qiánjǐng	prospect；perspective
59. 凝聚力	níngjùlì	cohesion
60. 感召力	gǎnzhàolì	charisma；appeal

☞ 专有名词

1. 两汉经学	LiǎngHàn Jīngxué	the study of Confucian Classics in Han Dynasty
2. 魏晋玄学	WèiJìn Xuánxué	the Metaphysics in Wei and Jin Dynasties
3. 宋明理学	SòngMíng Lǐxué	Neo-Confucianism in the Song and Ming
4. 明清实学	MíngQīng Shíxué	The practical science of Ming and Qing Dynasties
5. 乾嘉朴学	QiánJiā Pǔxué	Textual Studies in the Qianlong and Jiaqing period of Qing Dynasties
6. 孔子	Kǒngzǐ	Confucius
7. 孟子	Mèngzǐ	Mencius
8. 荀子	Xúnzǐ	Xunzi, a pre-Qin philosopher
9. 忠孝仁义	zhōng xiào rén yì	the virtues of loyalty，filialness，benevolence，righteousness
10. 道家	Dàojiā	Taoist school；Taoists
11. 老子	Lǎozǐ	Lao Zi，founder of Taoism
12. 墨家	Mòjiā	Mohist School
13. 墨翟	Mò Dí	Mo Di，Mocius
14. 兼爱	Jiān'ài	universal love
15. 非攻	Fēigōng	non-attack
16. 认识论	rènshílùn	epistemology
17. 游侠	yóuxiá	free-lance fighter
18. 法家	FǎJiā	Legalists
19. 李悝	Lǐ Kuī	Li Kui

20.	商鞅	Shāng Yāng	Shang Yang
21.	韩非子	Hán Fēizǐ	Han Feizi
22.	兵家	Bīngjiā	thinker of ancient China specializing in the art of war
23.	孙武	Sūn Wǔ	Sun Wu
24.	兵学圣典	bīngxué shèngdiǎn	holy write of military science
25.	董仲舒	Dǒng Zhòngshū	Dong Zhongshu
26.	三玄	Sānxuán	the three books of Laozi，Zhuangzi and Change
27.	天人合一	tiānrén héyī	theory that man is an integral part of nature
28.	自然主义哲学	zìránzhǔyì zhéxué	Naturalism philosophy
29.	心性学说	Xīnxìng xuéshuō	science of temperament
30.	程朱理学	ChéngZhū Lǐxué	cheng-zhu neo-confucianism
31.	陆王心学	LùWáng Xīnxué	Lu and wang's thought
32.	存天理灭人欲	Cún tiānlǐ miè rényù	cherish heaven laws，deny human desires
33.	格物致知	géwùzhìzhī	studying phenomena to acquire knowledge
34.	半殖民地半封建社会	bànzhímíndì bànfēngjiàn shèhuì	the semi-colonial and semi-feudal society
35.	马克思主义	Mǎkèsī zhǔyì	Marxism

☞综合注释

一、儒家思想中的伦理道德观和价值观成为中华民族文化的核心和灵魂，直到今天，它依然是中国人最重要的精神支柱。

……依然……　表示人或事物仍和往常一样。例如：

1. 我已经停下脚步，他却依然往那个方向走去。

2. 她痛心地把脸一转，依然一副冷冰冰的样子。

◆ 练一练：完成下列句子。

(1)零点的钟声已经敲响，我们依然_____。

(2)这学期已经过了大半，他依然_____。

二、×学，表示某一门系统的知识。例如：玄学、文学、佛学、语言学等。比如"力""家"可以组成"×力""×家"。

◆ 练一练：仿照下面的例子，找出一些基本词并组词。

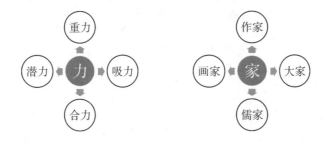

☞**综合练习**

一、写出所给词语的拼音。

(1)诞生_____ (2)压抑_____ (3)残酷_____

(4)和谐_____ (5)先驱_____ (6)忧患_____

二、用所给的词语造句。

(1)安身立命：

(2)以德服人：

(3)长治久安：

(4)应运而生：

(5)杀身之祸：

三、用括号里的词语完成句子。

(1)他对不公平的事很不满，_____。（批判）

(2)在这里，没有谁比谁更高贵，_____。（平等）

(3)_____，常能看见她向老师请教问题。（积极）

(4)他对自己工厂里做出的产品要求很严格，_____。（标准）

(5)随着年龄的增长，_____。（成熟）

四、根据课文内容，回答问题。

(1)中国传统哲学可划分为几个阶段？它们分别是什么？

(2)中国历史上第一次思想解放运动是什么？

(3)诸子百家有哪些学派？各学派又有哪些代表人物？

五、写作。

中国古代哲学具有鲜明的现实性，关心的重心在于人、事和社会。中国古代哪一个哲学思想让你感悟最深？查阅相关资料，谈谈你的看法。

☞拓展阅读

中国古代思想名言摘录

1. 天行健，君子以自强不息。地势坤，君子以厚德载物。——《周易》

译：君子应该像宇宙一样运行不息，即使颠沛流离，也不屈不挠；君子接物度量要像大地一样，没有任何东西不能承载。

2. 道生一，一生二，二生三，三生万物——《老子·道德经》

译：事物的本质是由自然规律决定的，它包含了很多阴阳对立的内在属性，这些属性不断运化呈现出众多不同的表现状态，从而形成了事物个体的多样性。

3. 学而时习之，不亦说乎？有朋自远方来，不亦乐乎？人不知而不愠，不亦君子乎？——《论语》

译：如果学了之后，又注意经常不断地去温习，不也是令人很高兴的事吗？假如有朋友从远方来向自己求教，心里不也感到很快活吗？在别人不了解自己的情况下，却能做到不怨天尤人，具备这种道德修养的人难道不可以称为君子吗？

4. 吾日三省吾身：为人谋而不忠乎？与朋友交而不信乎？传不习乎？——《论语》

译：我每天都多次对自己进行反省：为别人办事是否尽心尽力？与朋友交往是否以诚相待？对老师传授的学业是否已经温习？

5. 吾十有五而志于学，三十而立，四十而不惑，五十而知天命，六十而耳顺，七十而从心所欲，不逾矩。——《论语》

译：我从十五岁开始致力于学习，三十岁便能自立于社会了，四十岁对各种事理不再迷惑不解，五十岁懂得了自然界的规律，六十岁对听到的事情能领会贯通，并能辨别是非真伪，七十岁时做事能随心所欲，但又不会超出礼法的规范。

6. 温故而知新，可以为师矣。——《论语》

译：如果经常温习已经学过的知识，便能不断产生新的体会和收获，这种方法可以说就是我们的老师了。

7. 学而不思则罔，思而不学则殆。——《论语》

译：只知读书而不深入思考，就势必惘然而无所获，但只知思考而不肯读书，也是很危险的。

8. 知之为知之，不知为不知，是知也。——《论语》

译：知道就是知道，不知道就承认不知道，这才是求知的正确态度。

9. 见贤思齐焉，见不贤而内自省也。——《论语》

译：见到贤人便应考虑怎样才能向他看齐，见到不贤的人便应在内心反省，看自己有没有同样的缺点。

10. 默而识之，学而不厌，诲人不倦。——《论语》

译：默记所学的东西，坚持学习而不厌烦，教诲别人不知疲倦。

11. 三人行，必有我师焉。择其善者而从之，其不善者而改之。——《论语》

译：如果三个人一同走路，其他两个人中一定有可以做我老师的。他们有优点，我就学习，他们有缺点，我就作为借鉴而改掉。

12. 其身正，不令而行；其身不正，虽令不从。——《论语》

译：只要身居上位的人自己行为端正，那么就是不发命令，下面的人也会照着去做；如果他的行为不正，即使发布命令，下面的人也不会服从。

13. 人无远虑，必有近忧。——《论语》

译：一个人若没有长远的考虑，便一定会有眼前的忧患。

14. 己所不欲，勿施于人。——《论语》

译：自己不愿干的，不要强加给别人。

15. 老吾老，以及人之老；幼吾幼，以及人之幼。——《孟子·梁惠王上》

译：尊敬我的长辈，继而推广到尊敬别人的长辈；爱护我的子女，继而推广到爱护别人的子女。

16. 富贵不能淫，贫贱不能移，威武不能屈，此之谓大丈夫。——《孟子·滕文公下》

译：富贵不能迷乱心意，贫贱不能改变志气，威武不能屈节，这才叫大丈夫。

17. 玉不琢，不成器；人不学，不知道。是故古之王者，建国君民，教学为先。——《礼记·学记》

译：玉如不琢磨就不能成为器物；人如不学习，就不懂道理。因此，古代贤君，建国治民，都把教育放在首位。

18. 锲而舍之，朽木不折；锲而不舍，金石可镂。——《荀子·劝学》

译：不能坚持到底，即使是朽木也不能折断。只要坚持不停地用刀刻，金属石头也可以雕成花饰。

19. 知彼知己，百战不殆。——《孙子兵法·谋攻篇》

译：既了解敌人的长处和短处，又了解自己的长处和短处，就能百战百胜，永远立于不败之地。

20. 古之学者必有师。师者，所以传道、授业、解惑也。——唐·韩愈《师说》

译：历来求学的人一定要有老师。老师，就是传授道理、讲解知识、解答疑难。

21. 少壮不努力，老大徒伤悲。——梁·沈约《长歌行》

译：年轻力壮的时候不奋发图强，到了一头白发的时候学习，悲伤难过也是徒劳。

◎ 思考：

(1) 以上中国古代名言，你最喜欢哪一句？为什么？

(2) 你还知道哪些中国古代名言名句？搜集资料，照样子做一些摘录。

第五章　中国的宗教与信仰

☞知识导读

中国的宗教文化发展十分繁荣，既有以道教为代表的本土宗教，也有以基督教为代表的外来宗教，还有外来传入并融入本土文化的佛教，更有丰富多彩的民间信仰。在中国各种宗教地位平等，信教者与不信教者互相尊重，和谐共处。同时，神话也以其浓厚的神秘色彩在中国人的信仰中起着十分重要的作用。

☞课文精读

中国是个多宗教国家，佛教、道教、伊斯兰教、基督教(新教)、天主教这五大宗教在中国都具有一定的历史影响，拥有一定的区域性和规模性，有一定数量的信教教徒。而长期以来对中国人有重要影响的儒学，虽然也被人叫做"儒教"，但其实并不是宗教，而是一种伦理学和哲学。因为儒学没有直接信奉的神或偶像，不关心人的前世来生和灵魂归宿，只关心人在现实生活中如何扮演自己的社会角色。儒家思想、道教、佛教互相影响，共同成为中国人最主要精神支柱。因此，中国人一般没有强烈的宗教信仰，对各种宗教持开放宽容的态度，几千年来，中国也没有因为宗教而发生大规模战争。

在中国五大宗教中，道教是唯一发源于中国、由中国人创立的宗教。道教创立于东汉末年，尊奉老子为始祖，以老子的著作《道德经》为主要经典。道教将"道"作为最高信仰，认为道可以通过修行获得，修道就是要长生不死，主张通过修行来延长生命，提高生存质量，以达到生命的永恒。道教主张以清净无为、与人无争的态度对待世俗生活。道教信奉的神仙很多，最重要的有原始天尊、灵宝天尊和道德天尊，他们也被称为"三清"。道教的神职人员被称为道士。道观是道士修行的地方，称为"观"或"宫"。中国著名的道观有北京白云观、武汉长春观、沈阳太清宫等。道教在隋唐至北宋时期非常兴盛，明朝以后道教分为正一道和全真道两大派别。全真道主要在中国北方发展，全真道道士不能结婚，吃素食。正一道主要在中国南方发展，正一道道士可以结婚，可以吃荤。中国道教徒联合成立了中国道教协会，管理道教内部事务。中国的道教信徒众多，因普通教徒没有严格的入教程序，人员难以精确统计。根据2018年发布的《中国保障宗教信仰自由的政策和实践》白皮书(以下简称宗教白皮书)，道教教职人员约有4万多人，道教宫观9000多座，道教学院10所。

佛教是与基督教、伊斯兰教并称的世界三大宗教之一。公元前6世纪至公元前5世纪，由释迦牟尼创建于古印度。佛教主张众生平等，认为世间充满了痛苦，任何人只要信佛就能获得解脱。佛教分为大乘佛教和小乘佛教。佛教在距今两千年前的东汉时期传入中国，在隋唐时期最为兴盛繁荣，并形成了八大宗派，其中以禅宗的影响最大。中国佛教分为汉传佛教(汉语系)、藏传佛教(藏语系)和上座部佛教(巴利语系)三大体系。中国内地以汉传佛教为主，神职人员被称为和尚、大和尚等；藏传佛教主要在藏族聚集区的西藏、青海等地流传，神职人员被称为喇嘛；上座部佛教主要在云南的少数民族中流传。佛教主要供奉释迦牟尼、阿弥陀佛、观世音菩萨等。佛教进行宗教活动的场所称为寺庙或寺院，中国著名的寺庙有白马寺、少林寺、大昭寺等。中国佛教徒联合成立了中国佛教协会，管理教内事务。根据 2018 年发布的宗教白皮书，佛教教职人员约有 22.2 万人，佛教寺院3.35 万座，佛学院 41 所。

长期以来，佛教同中国儒家文化和道家文化融合发展，最终形成了具有中国特色的佛教文化，对中国人的宗教信仰、哲学观念、文学艺术、礼仪习俗等影响深远。在中国民间，老百姓总是通过烧香、拜佛、放生、捐献来祈求幸福，满足自己的愿望。

伊斯兰教在公元 7 世纪从西亚、中东传入中国，主要在唐、宋、元三个朝代传播。中国古代称之为大食教、清真教、回教等。创始人穆罕默德是伊斯兰教先知，《古兰经》是伊斯兰教唯一的根本经典。中国信仰伊斯兰教的大部分是回族和其他几个少数民族，主要聚居在中国西北的新疆、宁夏、甘肃、青海等地。信仰伊斯兰教的人被称为穆斯林，穆斯林举行宗教活动的场所称为清真寺，中国著名的清真寺有新疆艾提尕尔清真寺、西安化觉巷清真寺、西宁东关清真大寺等。中国穆斯林绝大多数属逊尼派，只有新疆极少数穆斯林是什叶派。中国各民族穆斯林联合成立了中国伊斯兰教协会，管理教内事务。根据 2018年发布的宗教白皮书，中国信仰伊斯兰教的少数民族总人口有 2000 多万，教职人员 5.7万余人，清真寺 3.5 万处，伊斯兰教经学院 10 所。

基督教主要分为东正教、天主教、新教三大派别。据记载，天主教最早传入中国是在公元 635 年的唐朝，来华后被称为景教，两百年后被禁止。1294 年罗马教廷派传教士来到中国设立教堂传教，天主教再次传入中国，随着元朝的灭亡，天主教再次衰落。16 世纪，以利玛窦为首的教士又将天主教传入中国。新教(在中国被称为基督教)传入中国较晚，1807 年才有第一位新教的传教士来到中国。1840 年鸦片战争之后，中国的大门被打开，大批天主教和基督教(新教)的传教士进入中国传教，为了传教，教会在中国新建了一些学校和医院。新中国成立后，中国与美国等西方国家的关系破裂，罗马教廷禁止中国神职人员和教徒与中国政府合作，反对社会主义新中国。1950 年，中国的基督教和天主教领袖们决定发起自治、自养、自传的"三自运动"，摆脱西方对教会的控制。1954 年第一届基督教全国代表大会上成立了中国基督教三自爱国运动委员会，1957 年中国天主教全国代表大会上成立了中国天主教爱国会。至此，中国基督教、天主教走上了独立自主，自办教会的道路，在中国的发展迎来了春天。根据 2018 年的宗教白皮书，基督教(新教)信徒有 3800 多万人，天主教信徒 600 多万人；基督教教职人员约 5.7 万人，天主教教职人员约 0.8 万人；基督教教堂和聚会点约 6 万处，天主教教区 98 个，教堂和活动场所6000 余处；基督教神学院校 21 所，天主教神哲学院 9 所。

五大宗教在漫长的历史进程中，不断与中国传统文化相互融合、彼此促进、共同发展。中国对待宗教的基本政策是宗教信仰自由，这是宪法赋予全体公民的一项基本权利。中国依法保障信教群众正常宗教需求，尊重信教群众的习俗。在中国各种宗教平等尊重、相互交流、"五教同光"、和谐发展。

除了信奉这五大宗教外，中国人更多的还是民间信仰，这是从历史延续下来的关于神明、鬼魂、祖先及圣贤的信仰和崇拜，人们崇拜祖宗、财神、关公、土地神、妈祖等各种神明，五花八门。

祖宗崇拜，是儒家的传统，人们相信死去的祖先的灵魂依然存在，所以要像他们活着时一样地尊敬他们，在死者下葬时，要准备许多日常用品的纸质模型一同烧毁，如同送去另一个世界生活一样，要定时扫墓、祭拜、烧纸钱(送钱)。人们崇拜祖先的目的是相信去世的祖先会继续保佑自己的后代。

财神是中国民间普遍供奉的主管财富的神明，人们崇拜财神的目的是希望能获得更多的财富。关公是中国三国时期的著名将领关羽，他具有中华民族所推崇的全方位的道德文化内涵，所以是被儒学、佛教、道教、各行各业一致崇拜的神明，几乎是战神、商神、财神集于一身的"万能神"，关公在中国台湾地区还被称为救世主，也是华人圈共同信奉的神明。土地神是中国传说中管理一片土地的小神，也是民间信仰中的地方保护神。人们崇拜土地神是希望能祈福求平安。妈祖又被称为天妃、天后，是中国东南沿海地区及东亚沿海一带的海神信仰，是渔民、海员、旅客、商人等共同崇拜的神明，也是和黄帝、孔子并列的三大国家级祭典的对象。妈祖崇拜在地域和人口上都分布非常广，据统计全世界有一亿多妈祖的信徒，中国台湾、新加坡妈祖信徒人口占总人口的70%以上，马来西亚、泰国、印度尼西亚、菲律宾等国也有大量的妈祖信徒。

中国古代神话是中国民间信仰的一个重要组成部分，是中国古代人们对世界起源、自然现象及社会生活的原始幻想。远古时代人类对很多自然现象以及人类自身无法科学地理解和解释，他们只能凭借自己狭隘的生活体验进行想象，因而认为自然界也像人一样有性格和感情，日、月、风、雨、雷、电，都由神主宰。这样，就形成了古代人的自然神的观念。如人们要解释宇宙的起源，就幻想出一位开天大神盘古；要解释人类万物的起源，就幻想出人的始祖女娲。这些神话一般以神仙为主人公，包括各种自然神和神化了的英雄人物，表达古人解释自然、征服自然、变革社会的愿望。

☞重要生词

1.	宗教	zōngjiào	religion
2.	本土	běntǔ	one's native country
3.	浓厚	nónghòu	deep；strong
4.	教徒	jiàotú	saint；believer of a religion
5.	信奉	xìnfèng	believe in；embrace
6.	偶像	ǒuxiàng	image；idol
7.	前世	qiánshì	previous existence；prelife
8.	来生	láishēng	future life；life beyond
9.	归宿	guīsù	a home to return to
10.	扮演	bànyǎn	have a role
11.	宽容	kuānróng	tolerant；bear with

12. 始祖	shǐzǔ	first ancestor
13. 永恒	yǒnghéng	eternal；perpetual
14. 世俗	shìsú	common customs
15. 道士	dàoshì	Taoist priest
16. 道观	dàoguàn	Taoist temple
17. 素食	sùshí	vegetarian diet
18. 荤	hūn	meat or fish
19. 协会	xiéhuì	association；institute
20. 信徒	xìntú	believer；follower
21. 众生平等	Zhòngshēngpíngděng	all living creatures are equal
22. 解脱	jiětuō	free oneself from
23. 和尚	héshàng	Buddhist monk
24. 聚集	jùjí	gather；assemble
25. 喇嘛	lǎma	lama
26. 供奉	gòngfèng	enshrine and worship
27. 寺庙	sìmiào	temple
28. 烧香	shāoxiāng	burn joss sticks
29. 拜佛	bàifó	worship Budda
30. 放生	fàngshēng	buy captive animals and set them free
31. 捐献	juānxiàn	donate；present
32. 祈求	qíqiú	pray for；earnestly hope
33. 穆斯林	Mùsīlín	Muslim
34. 清真寺	Qīngzhēnsì	Mosque
35. 传教士	chuánjiàoshì	missionary；preacher
36. 教堂	jiàotáng	church；cathedral
37. 破裂	pòliè	break；fracture
38. 赋予	fùyǔ	give；endow
39. 保障	bǎozhàng	ensure；guarantee
40. 神明	shénmíng	gods；deities；spirit
41. 鬼魂	guǐhún	ghost；apparition
42. 圣贤	shèngxián	sages and men of virtue
43. 崇拜	chóngbài	worship；adore
44. 财神	cáishén	the God of Wealth
45. 五花八门	wǔhuābāmén	all kinds of；variegated
46. 下葬	xiàzàng	bury；inter
47. 模型	móxíng	model；pattern
48. 扫墓	sǎomù	sweep a grave
49. 祭拜	jìbài	Tomb sweeping worship

50. 保佑	bǎoyòu	bless and protect
51. 财富	cáifù	wealth；fortune
52. 推崇	tuīchóng	hold in esteem；praise highly
53. 内涵	nèihán	involution；connotation
54. 救世主	jiùshìzhǔ	the Saviour；the Redeemer
55. 祭典	jìdiǎn	memorial services
56. 凭借	píngjiè	depend on；via
57. 狭隘	xiáài	narrow and limited
58. 征服	zhēngfú	conquer；subjugate

☞专有名词

1. 基督教(新教)	Jīdū jiào	the Christian religion
2. 伊斯兰教	Yīsīlán jiào	Islam；Islamism
3. 天主教	Tiānzhǔ jiào	Catholicism
4. 道德经	Dàodéjīng	The Classic of the Virtue of the Tao
5. 三清	Sānqīng	the three highest manifestations of the Dao
6. 神职人员	shénzhí rényuán	clergy
7. 正一道	Zhèngyīdào	Zhengyi Taoism
8. 全真道	Quánzhēndào	The Quanzhen Taoism
9. 释迦牟尼	Shìjiāmóní	Sakyamuni
10. 大乘佛教	Dàchéng fójiào	Mahayana Buddhism
11. 小乘佛教	Xiǎochéng fójiào	Hinayana Buddhism
12. 上坐部佛教	Shàngzuòbù fójiào	Theravada Buddhism
13. 阿弥陀佛	Ēmítuófó	Amitabha；Amitayus
14. 观世音菩萨	Guānshìyīn púsà	Avalokiteshvara
15. 大食教	Dàshíjiào	the name of Islam in Yuan Dynasty
16. 回教	Huíjiào	another name of Islam in China
17. 穆罕默德	Mùhǎnmòdé	Mohammed(c. 570-632)
18. 先知	Xiānzhī	prophet
19. 古兰经	Gǔlánjīng	the Koran
20. 回族	Huízú	Hui nationality
21. 艾提尕尔清真寺	Àitígǎěr Qīngzhēnsì	Id Kah Mosque
22. 华觉巷清真寺	Huàjuéxiàng Qīngzhēnsì	Huajue Lane Mosque
23. 逊尼派	Xùnnípài	Sunnis
24. 什叶派	Shíyèpài	Shiite
25. 东正教	Dōngzhèngjiào	the Orthodox Eastern Church
26. 景教	Jǐngjiào	Nestorianism

27. 罗马教廷	Luómǎ jiàotíng	Holy See
28. 利玛窦	Lìmǎdòu	Matteo Ricci
29. 三自运动	Sānzì yùndòng	Three-self Patriotic Movement
30. 五教同光	Wǔjiào tóngguāng	harmonious coexistence of the five major religions
31. 关公(羽)	Guāngōng(Yǔ)	Guan Yu
32. 土地神	Tǔdìshén	village god
33. 妈祖	Māzǔ	Goddess of the Sea
34. 盘古	Pángǔ	creator of the universe in Chinese mythology
35. 女娲	Nǚwā	a goddess in Chinese mythology

☞综合注释

一、佛教在距今两千年前的东汉时期传入中国，在隋唐时期最为兴盛繁荣，并形成了八大宗派，其中以禅宗的影响最大。

X 最……　表示 X 的最高级形态，没有之一。例如：

1. 这棵树是他院子里最矮小的一棵。

2. 这次考试他的成绩最好。

◆ 练一练：完成下列句子。

(1)珠穆朗玛峰是世界上最＿＿＿＿＿＿＿＿＿＿＿＿＿的山峰。

(2)这个桌子是所有桌子中最＿＿＿＿＿＿＿＿＿＿＿＿的桌子。

二、根据 2018 年发布的《中国保障宗教信仰自由的政策和实践》白皮书(以下简称宗教白皮书)，道教教职人员约有 4 万多人，道教宫观 9000 多座，道教学院 10 所。

约有……　表示大概的数目，但并不精确。例如：

1. 本次活动约有 500 位同学参与。

2. 他喜欢玩游戏，玩过的游戏约有二十多种。

◆ 练一练：完成下列句子。

(1)这棵树约有＿＿＿＿＿＿＿＿＿＿＿＿多米。

(2)我们学校约有＿＿＿＿＿＿＿＿＿＿＿多人。

三、至此，中国基督教、天主教走上了独立自主，自办教会的道路，在中国的发展迎来了春天。

至此……　表示到这个时候。例如：

1. 事已至此，再做什么都是徒劳。

2. 至此，学校实行了新的制度，一片欣欣向荣。

◆ 练一练：完成下列句子。

(1)＿＿＿＿＿＿＿＿＿＿＿，已经真相大白。

(2)这篇文章至此已经＿＿＿＿＿＿＿＿＿＿＿＿＿。

☞综合练习

一、用所给的词语造句。

(1)浓厚：

(2)偶像：

(3)永恒：

(4)捐献：

(5)推崇：

(6)狭隘：

二、选择合适的词语填空。

和谐　　和平　　和善　　和睦　　和好

A. 前几天他俩吵架了，昨天又_____了。

B. 小云一家和邻居相处得很_____。

C. 我们将与世界人民一起守护世界的_____。

D. 楼下卖早点的老爷爷是一个十分_____的人。

E. 携手共进，共创_____社会。

尊敬　　尊称　　自尊　　尊贵　　令尊

A. 在古代，我们把"你的父亲"叫做_____。

B. 她拯救了那个孩子，高尚的品德值得所有人_____。

C. 李白是唐代著名的大诗人，我们_____他为"诗仙"。

D. 老师严厉的话语伤害到了他的_____。

E. 这次婚礼他请到了几位_____的客人。

三、根据要求写出下列词语的拼音。

(1)丰富多彩_____　　　　(5)精神支柱_____

(2)互相尊重_____　　　　(6)长生不死_____

(3)和谐共处_____　　　　(7)宗教信仰_____

(4)神秘色彩_____　　　　(8)礼仪习俗_____

四、根据课文内容判断正误。

1. 在中国五大宗教中，儒教是唯一发源于中国、由中国人创立的宗教。（　）

2. 佛教在距今两千年前的东汉时期传入中国，在宋元时期最为兴盛繁荣。（　）

3.《古兰经》是伊斯兰教唯一的根本经典。（　）

4. 几千年来，中国有因为宗教而发生大规模战争。（　）

5. 明朝以后道教分为正一道和全真道两大派别。全真道主要在中国北方发展，全真道道士可以结婚，吃素食。（　）

6. 在中国民间，老百姓总是通过烧香、拜佛、放生、捐献来祈求幸福，满足自己的愿望。（　）

五、写作。

中国的宗教信仰丰富多彩，各个宗教地位平等互相尊重，和谐共处。请结合课本知识以及查阅相关资料，探究中国宗教信仰繁荣兴盛的背景以及原因。

☞拓展阅读

中国古代十大神话传说

神话故事展现了中国古代劳动人民对自然的认知和无穷的幻想，体现了人们对美好生活的向往和追求。中国古代神话众多，比较有名的有以下几个：

1. 盘古开天：万物的起源

很早以前，天地一片混沌，盘古将混沌劈开，变成了两部分，头顶的叫天，脚下的叫地。盘古施展神功，将天变得很高很高，天地之间的距离变得足够远。后来盘古实在太累了，躺到地上死去了。盘古死后，他的左眼变成太阳，右眼变成月亮，头发变成星星，鲜血变成江河湖海，肌肉变成千里沃野，骨骼变成树木花草，头和四肢变成了五座大山，这个世界就形成了。

2. 女娲造人：人类的起源

盘古开辟了天地，但世界上还没有人类。神仙女娲感到寂寞，于是她照着自己的样子，用泥巴和水，捏出一些娃娃来，她把这些小东西称作"人"。她捏了一个又一个。但还是嫌速度太慢，就折下一条藤蔓，沾上泥浆挥洒，点点泥浆变成一个个小人，这一来速度就快多了，于是大地就到处有了人。

3. 女娲补天

女娲时代，水神共工和火神祝融打起仗来，败了的共工一怒之下，把头撞向不周山，把支撑天地之间的大柱折断了，天倒下了半边，出现了一个大窟窿，人类面临着大灾难。女娲不忍人类受苦，决心补天。她选用五色的石子，将它们熔化成浆，将残缺的天窟窿填好，又斩下一只大龟的四脚，当作四根柱子把倒塌的半边天支起来，人民又过上了安乐的生活。

4. 后羿射日

古时候，天上有十颗太阳，它们一起出来，灼热的阳光晒焦了庄稼和花草树木，老百姓连吃的东西也没有。有个神箭手叫后羿，他决心帮助人们脱离苦海，射掉多余的九个太阳。他来到了东海边，拉开万斤力的弓弩，搭上千斤重的利箭，射掉九颗太阳，只留下一颗。这个太阳每天东升西落，人们终于摆脱炎热，再也不用受苦了。

5. 精卫填海

相传炎帝神农氏有一个小女儿，叫女娃，她聪明可爱，美丽非凡，炎帝视女娃为掌上明珠。可是有一次女娃到东海游玩，不小心掉进水里淹死了。死后其不平的灵魂化作花脑袋、白嘴巴、红爪子的神鸟，每天衔来石头和草木，投入东海，发出"精卫、精卫"的悲鸣，好像在呼唤着自己。她就这样往复飞翔，从不休息，直到今天，它还在做着这个工作。

6. 夸父追日

太阳落山后就是一片黑暗寒冷，为了给人们留住光明温暖。有一个身材高、力气大并且跑得快的巨人叫夸父，他决定去追逐太阳，他跑啊跑，当到达太阳将要落入的禹谷时，他觉得口干舌燥，喝干了黄河和渭河的水，他仍然口渴。他想去喝北方大湖的水，还没走到就渴死了。夸父临死，抛掉手里的杖，变成了一片鲜果累累的桃林，为后来追求光明的人解渴。

7. 牛郎织女

从前，有个叫牛郎的放牛郎，有一天放牛时遇到七个仙女在湖边洗澡。牛郎和其中最小的织女相爱，结成夫妻，生了两个孩子，幸福美满。可是，王母娘娘要强行带走织女。牛郎挑着儿女，穿着用牛皮做的鞋，飞上天去追织女。王母娘娘变出一条河隔开他们。后来，喜鹊被他们感动了，都飞来搭成鹊桥，王母娘娘只好允许两人每年农历七月七日在鹊桥相会。

8. 嫦娥奔月

后羿射日解救了百姓，王母娘娘很欣赏他，送给他能成仙的不死药。可是后羿舍不得妻子嫦娥，不想成仙，就把不死药交给嫦娥保管。一天，后羿去打猎，一个坏人逼迫嫦娥交出不死药。嫦娥不肯，危急时刻吞下了不死药，向天上飞去。但是嫦娥牵挂丈夫，便飞落到离人间最近的月亮上。后来人们在月下摆上嫦娥平日爱吃的食品，遥遥地为她祝福。

9. 愚公移山

从前有个老人叫愚公，他家门前有两座大山，出行很不方便。他召集全家人挖山开道。村里有个叫智叟的老头笑话他说：你这么大年纪了，怎么可能搬得动这两座大山呢？愚公说：我搬不动了，还有我的儿子、孙子……子子孙孙无穷无尽，可是山却不会增高加大，还怕挖不平吗？愚公不理会嘲笑，带着全家继续挖。他们的精神终于感动了神仙，帮助他们搬走了大山。

10. 大禹治水

古时候，人们时常受到洪水的侵害。大禹率领民众与洪水斗争。大禹发明了一种疏导治水的新方法，疏通水道，使得水能够顺利地东流入海。他和百姓一起劳动，吃睡都在工地，挖山掘石。治水期间他三过家门而不入。经过十三年努力，他带领百姓凿开了龙门，挖通了九条河，终于把洪水引到大海里去，地面上又可以种庄稼了，人们过上了幸福富足的生活。

◎ 思考：

(1)关于世界和人类的起源，有很多不同的说法，你知道哪些？谈谈你的看法。

(2)在你的国家，有哪些有趣的神话传说？

第六章　中国的文化传统

☞知识导读

　　文化传统是一个民族的文化区别于其他民族文化的标志，也是贯穿于各民族不同历史时期的各类文化的核心精神。各民族和国家的文化传统既因时因地而异，又有一定的稳固性和延续性，如饮食习惯、节日传统、主流价值观等。

☞课文精读

一、中国的饮食文化

　　每个国家每个民族都有自己的饮食习惯和与众不同的饮食文化。中国人的饮食以植物性食材为主，主食为米面，辅食为蔬菜，肉食以猪肉为主。种植水稻的南方地区以米食为主，种植小麦的北方地区以面食为主。饮食口味呈现南甜北咸东酸西辣的特点。

　　中国的饮食文化和西方饮食文化有很大的区别，中国以素食为主、肉食为辅，而西方正好相反；中国饮食的烹饪以热食为主，讲究调味，西方的饮食烹饪注重生食、冷食，讲究原味；中国的饮食方式多为聚餐制，西方则多为分餐制；中国的饮食强调经验和味道，西方的饮食强调科学和营养。

　　中国的饮食文化的有以下特点：

　　（一）四季有别

　　一年四季，按季节变化来调味、配菜。春季吃绿色蔬菜；夏天清淡凉爽，多凉拌、冷冻；秋季多吃润燥滋补食物；冬天味道浓厚，多炖、焖、煨。

　　（二）讲究美感

　　中国的烹饪注意食物的色、香、味、形、器的协调一致。无论是一个红萝卜，还是一个白菜心，都可以做出各种造型，色香味美，赏心悦目，给人以美的享受。

　　（三）注重情趣

　　中国烹饪注重品味情趣，对饭菜点心的命名、品味方式、进餐速度、娱乐活动等都很讲究。比如菜名，有根据造型和寓意命名的，如"全家福""龙凤呈祥"；有根据历史典故、神话传说、名人故事命名的，如"叫花鸡""东坡肉"。

　　（四）医食同源①

　　中国的烹饪与医疗保健有密切的联系，在几千年前就有"医食同源"的说法，利用食

---

　　① 医食同源：yī shí tóng yuán（Medical food homology），中国中医学自古以来就有"药食同源"理论。在中医药中，药物和食物是不分的，药物也是食物，而食物也是药物，食物和药物一样能够防治疾病。

物原料的药用价值，做成各种美味食物，达到保持身体健康和对某些疾病防治的目的。比如中国人认为芹菜可以降血压，大蒜可以消炎。

（五）讲究食礼

中国人多为聚食制①，亲友共用一个圆桌，习惯使用筷子、勺子、碗等餐具。讲究进食礼仪。比如"食不言睡不语""长者先幼者后"等。

此外，各个节日还有不同的饮食风俗：过年吃饺子、元宵节吃汤圆、端午节吃粽子、中秋节吃月饼、生日吃长寿面等。

二、中国的家庭文化

"中华民族自古以来就重视家庭、重视亲情。家和万事兴、天伦之乐、尊老爱幼、贤妻良母、相夫教子、勤俭持家等，都体现了中国人的这种观念。"②

中国崇尚集体主义，而非个人主义。集体的基本单位就是家庭、家族，中国人把家庭当作社会生活的核心。家庭观念的基本内涵包括：

（一）以家庭家族为中心

一般中国人最紧密的关系圈是由家庭成员和亲戚组成的，这个"圈子"最核心的是直系亲属，即父母、夫妻、子女和兄弟姐妹。核心圈外面的一圈是亲戚，如叔、伯、姨、表亲等。甚至同村同乡或者同姓的也可以划为亲戚系列。对很多中国人来说，他们的很多行为是与整个家庭家族相联系的，成为整个家庭家族利益中不可或缺的一环，家庭成员的重要职责就是促进家庭家族的发展，提升家庭家族的社会地位。家庭家族观念深深影响着中国人的价值取向和行为方式。

（二）讲究孝道

孝是中华民族长久以来的基本道德规范和根本价值观念，是中国传统文化的核心内容之一，它的基本含义是顺从善待父母。中国人认为每个人在幼小时受到父母的抚养和教育，所以子女也应该在父母年老时赡养和回报父母。孝顺父母和长辈、壮大家族、光宗耀祖，都是孝道的表现。

（三）敬畏祖先

每个家族都认为自己的祖先和天、地、神是一样的神明，要像他们活着时一样地尊敬，要定时祭拜。很多地方不仅在除夕、清明节、重阳节、中元节四大传统节日祭祖，而且在日常生活中也会有相关的习俗与禁忌，以表示对祖先的尊敬和纪念。

（四）长幼有序

指晚辈必须尊敬长辈，年幼者要对年长辈表示礼让顺从。吃饭、走路、睡觉等日常小事，都要"长者先"；家中重大事情要征求长辈的意见，并让其做决定，而晚辈一般要听从并按长辈的意见执行。

三、中国的传统节日

中国的传统节日，是中华民族悠久历史文化的重要组成部分，记录着中华民族丰富而

---

①　聚食制：jù shí zhì（Food gathering system）聚食制的来源很早，从很多地下挖掘的古迹中可见，古代炊间和聚食的处所是同一的，炊间在住宅的中心，上有天窗出烟，下有篝火，在火上做炊，就食者围火聚食。聚食制是中国重视血缘亲属关系和家族家庭观念的体现。

②　习近平在2015年春节团拜会上的讲话。

多彩的社会生活文化。中国的传统节日主要有：春节、元宵节、清明节、端午节、七夕节、中秋节等。

（一）春节

春节是中国农历正月初一，正月初一是农历新年的第一天，又称为新春、过年、过大年，是中华民族最重要的传统节日。它不仅集中体现了中华民族的思想信仰、理想愿望和文化心理，而且还是饮食和娱乐活动的狂欢式展示。过年在传承发展中已形成了一些较为固定的习俗，如办年货、贴对联和福字、年饭、压岁钱、拜年、舞龙舞狮、拜神祭祖、赶庙会、赏花灯等一系列习俗，形式丰富多彩，热闹喜庆。受到中华文化的影响，世界上一些国家和地区也有庆祝新年的习俗。

（二）元宵节

元宵节，为每年农历正月十五。正月也叫元月，古人称"夜"为"宵"，正月十五是一年中第一个月圆之夜，所以称正月十五为"元宵节"。元宵节吃汤圆，所以汤圆又叫元宵。由于元宵有张灯、看灯、猜灯谜等一系列传统民俗活动，民间又称为"灯节"。

（三）清明节

清明节是中国最重要的祭祀节日，一般是在公历4月5号或前后。清明节与春节、端午节、中秋节并称为中国四大传统节日。清明节又称踏青节、祭祖节等，既是一个扫墓祭祖的日子，也是人们亲近自然、享受春天乐趣的欢乐节日，充分体现了中华民族礼敬祖先的孝道文化和追求"天、地、人"的和谐统一，讲究顺应天时、遵循自然规律的思想。

（四）端午节

端午节，是每年农历五月初五。端午节源于自然天象崇拜，由上古时代祭龙演变而来，又称端阳节。传说战国时期楚国诗人屈原在五月初五跳江自杀，后人也将端午节作为纪念屈原的节日。那天会举办各种民俗活动，如赛龙舟、采草药、吃粽子等。端午节是集拜神祈福、娱乐饮食为一体的民俗大节。

（五）七夕节

七夕节，是每年农历七月初七，又称七巧节、七姐节、女儿节等。因祭拜活动在农历的七月七日晚上举行，故名"七夕"。经历史发展，七夕被赋予了"牛郎织女"的美丽爱情

清明节

传说，成为中国最具浪漫色彩的节日，是世界上最早的爱情节日，在当代更被称为"中国情人节"。七夕夜晚坐看牵牛织女星、祈求姻缘等，是传统七夕习俗。在部分受汉文化影响的国家如日本、朝鲜半岛、越南等也有庆祝七夕的传统。

（六）中秋节

中秋节，是每年农历八月十五，又称仲秋节、团圆节等，是中国仅次于春节的第二大节日。中秋节源自天象崇拜，由古时候祭月演变而来。中秋节自古便有祭月、赏月、吃月饼、玩花灯、赏桂花、饮桂花酒等民俗。中秋月圆，望月思乡，寄托盼望家庭团圆之情，也寄托期望丰收、幸福之意。

四、中国的生肖

十二生肖，又叫属相，是中国和东亚地区的一些民族用来记录人的出生年份和年龄的十二种动物，包括鼠、牛、虎、兔、龙、蛇、马、羊、猴、鸡、狗、猪。生肖的周期为12 年，每人在其出生年都有一种动物作为生肖。古人按照这十二种动物的习性与十二地支①相配，即子（鼠）、丑（牛）、寅（虎）、卯（兔）、辰（龙）、巳（蛇）、午（马）、未（羊）、申（猴）、酉（鸡）、戌（狗）、亥（猪）。

☞**重要生词**

1. 贯穿　　　　guànchuān　　　　throughout
2. 稳固性　　　wěngùxìng　　　　fixedness
3. 价值观　　　jiàzhíguān　　　　values

---

①　十二地支：是中国古人用以表示次序、记录时间的文字，又称十二支，即子（zǐ）、丑（chǒu）、寅（yín）、卯（mǎo）、辰（chén）、巳（sì）、午（wǔ）、未（wèi）、申（shēn）、酉（yǒu）、戌（xū）、亥（hài），十二地支与十天干（甲 jiǎ、乙 yǐ、丙 bǐng、丁 dīng、戊 wù、己 jǐ、庚 gēng、辛 xīn、壬 rén、癸 guǐ）相配表示年、月、日的次序，如子时，是十二时辰的第一个时辰，对应北京时间 23 时至 01 时。天干地支的发明形成了中国古代的传统历法纪年，后世用于历法、术数、计算、命名等各方面。十二生肖其实就是十二地支的形象化。

4. 饮食	yǐnshí	diet
5. 与众不同	yǔzhòngbùtóng	be different from the common run
6. 呈现	chéngxiàn	present, assume, appear
7. 烹饪	pēngrèn	cook
8. 讲究	jiǎngjiū	be particular, fussy, fastidious about
9. 注重	zhùzhòng	lay stress on, pay attention to
10. 凉爽	liángshuǎng	delightfully, comfortably cool
11. 协调	xiétiáo	harmony, harmonisation
12. 造型	zàoxíng	modelling
13. 赏心悦目	shǎngxīnyuèmù	gladden the heart and please the eye
14. 情趣	qíngqù	temperament and interest
15. 品味	pǐnwèi	taste
16. 龙凤呈祥	lóngfèngchéngxiáng	the union of a dragon and a phoenix foretells good fortune
17. 典故	diǎngù	allusion
18. 防治	fángzhì	prevent and cure
19. 家和万事兴	jiāhéwànshìxīng	a house divided against itself cannot stand
20. 天伦之乐	tiānlúnzhīlè	family happiness
21. 相夫教子	xiāngfūjiàozǐ	support her husband and kids
22. 崇尚	chóngshàng	uphold
23. 紧密	jǐnmì	close, inseparable
24. 直系亲属	zhíxì qīnshǔ	Immediate family, one's own flesh and blood
25. 系列	xìliè	series
26. 利益	lìyì	profit, benefit
27. 不可或缺	bùkěhuòquè	indispensable
28. 含义	hányì	implication
29. 抚养	fǔyǎng	nurture
30. 赡养	shànyǎng	provide for
31. 回报	huíbào	repay
32. 壮大	zhuàngdà	strength
33. 光宗耀祖	guāngzōngyàozǔ	bring prestige and honour to their families and clansmen
34. 敬畏	jìngwèi	revere
35. 祭祖	jìzǔ	offer sacrifices to ancestors
36. 禁忌	jìnjì	taboo
37. 纪念	jìniàn	commemorate
38. 礼让	lǐràng	give precedence to sb out of courtesy
39. 顺从	shùncóng	obey

40. 征求	zhēngqiú	solicit
41. 执行	zhíxíng	execute
42. 狂欢	kuánghuān	revel
43. 丰富多彩	fēngfùduōcǎi	rich and colorful
44. 踏青	tàqīng	spring outing
45. 顺应天时	shùnyìngtiānshí	conform to the weather
46. 遵循	zūnxún	follow
47. 天象	tiānxiàng	astronomical phenomenon
48. 演变	yǎnbiàn	develop
49. 姻缘	yīnyuán	predestined marriage
50. 寄托	jìtuō	place, pin on
51. 生肖	shēngxiào	Chinese zodiac signs

☞专有名词

1. 叫花鸡	Jiàohuā jī	Beggar' Chicken
2. 东坡肉	Dōngpō ròu	Dongpo' braised pork
3. 元宵节	Yuánxiāo Jié	the Lantern Festival
4. 汤圆	tāngyuán	Tangyuan
5. 端午节	Duānwǔ Jié	Dragon Boat Festival
6. 粽子	zòngzi	zongzi
7. 中秋节	Zhōngqiū Jié	Mid-Autumn Festival
8. 月饼	yuèbǐng	moon cake
9. 除夕	Chúxī	New Year's Eve
10. 清明节	Qīngmíng Jié	Tomb Sweeping Day
11. 重阳节	Chóngyáng Jié	Double Ninth Festival
12. 中元节	Zhōngyuán Jié	Zhongyuan Festival, Hungry Ghost Festival
13. 春节	Chūn Jié	the Spring Festival, Chinese New Year
14. 七夕节	Qīxī Jié	Double Seventh Festival, Chinese Valentine' Day
15. 办年货	bàn niánhuò	Spring Festival shopping
16. 贴对联	tiē duìlián	Paste couplets
17. 压岁钱	yāsuì qián	Lucky money
18. 拜年	bàinián	New Year' greeting
19. 舞龙舞狮	wǔlóng wǔshī	Dragon-lion dance
20. 赶庙会	gǎn miàohuì	Go to a temple fair
21. 赏花灯	shǎng huādēng	Enjoy beautiful lanterns
22. 张灯	zhāngdēng	Decorate with lanterns
23. 猜灯谜	cāi dēngmí	Guess lantern riddles
24. 楚国	Chǔguó	Chu State

25. 屈原	Qū Yuán	Qu Yuan
26. 赛龙舟	sài lóngzhōu	Dragon boat race
27. 牛郎织女	Niúláng Zhīnǚ	Cowherd and Weaving Girl
28. 牵牛织女星	Qiānniú Zhīnǚxīng	Altair and Vega
29. 属相	shǔxiàng	Chinese zodiac
30. 十二地支	shíèr dìzhī	12 earthly branches

☞综合注释

一、中国的传统节日主要有：春节、元宵节、清明节、端午节、七夕节、中秋节等。

"××等"表示列举未尽(注："等"与其前面所列举的名词或词组之间不能出现停顿)。

例如：

1. 奶奶的菜园里种了萝卜、白菜、黄瓜等蔬菜。

2. 动物园里有鹦鹉、犀牛、孔雀等。

◆ 练一练：完成下列句子。

(1)花卉市场里有_____等不同品种的花。

(2)运动会的比赛项目有_____等。

二、它不仅集中体现了中华民族的思想信仰、理想愿望和文化心理，而且还是饮食和娱乐活动的狂欢式展示。

"不仅……而且……"，表示一种递进关系。

例如：

1. 他不仅长得帅，而且性格也特别好。

2. 我不仅提前完成了老师布置的任务，而且还利用多余的时间看完了两本书。

◆ 练一练：试用"不仅……而且……"造句。

(1)_____

(2)_____

三、中秋节，是每年农历八月十五，又称仲秋节、团圆节等，是中国仅次于春节的第二大节日。

"仅次于"：①紧跟着或紧靠着(如时间、空间或重要性)；

②级别低于，顺序在后；

③虽不如前一个，但与前一个差不太多。

例如：

1. 在古代，丞相在朝堂上的地位仅次于皇帝。

2. 据说跑步时候分泌的多巴胺仅次于谈恋爱。

◆ 练一练：试用"仅次于"造句。

(1)_____

(2)_____

☞**综合练习**

一、用所给的词语造句。

(1)贯穿:

(2)讲究:

(3)协调:

(4)与众不同:

(5)赏心悦目:

(6)天伦之乐:

(7)不可或缺:

(8)光宗耀祖:

二、选择合适的词语填空。

(1)精彩　　精致　　精湛　　精心　　精美

A. 美术馆里陈列着_____的艺术品。

B. 不得不说刚才的表演是真的_____。

C. 这是她为男朋友_____准备的生日礼物。

D. 小姑娘头上戴着一支_____的发簪。

E. 艺术家_____的技艺得到了大家的一致好评。

(2)欣赏　　鉴赏　　玩赏　　观赏

A. 晚饭后，我们一起去沙湖_____美景。

B. 老师叫了他好几次他都没听见，他只顾着_____手中的玩具去了。

C. 最近新出了很多文物_____类的节目。

D. 我们约好了周末一起去_____马戏团的表演。

三、用括号里的词语完成句子。

(1)勤俭节约、谦和好礼、笃实宽厚等，_____。（传统）

(2)在人多的场合，_____。（礼让）

(3)一年一度的春节就快到了，_____。（团圆）

(4)这件作品设计得很别致，_____。（美感）

(5)牛郎和织女的故事，_____。（浪漫）

四、根据课文内容，回答问题。

(1)中西方饮食习惯有哪些不同?

(2)中国的饮食文化有哪些特点?

（3）中国有哪些传统节日？

五、讨论。

结合本文，谈谈你对中国文化传统的认识。

☞**拓展阅读**

中 国 菜

中国菜是一个总称，它是由各地区有特色的地方风味菜共同构成的。中国地方风味菜，有鲁、川、扬、粤、湘、闽、徽、浙"八大菜系"之说，后来又增加了京、沪两大菜系，成为"十大菜系"。但历史最悠久、最有特色的是"四大菜系"：源于黄河流域的鲁菜，源于长江上游的川菜，源于长江下游的淮扬菜，源于珠江流域的粤菜。

一、鲁菜

鲁菜起源于山东，是历史最悠久、技法最成熟、功力最深厚的菜系，为八大菜系之首。它起源于春秋战国，形成于秦汉，成熟于三国晋南北朝。鲁菜的风格特点是华贵、大气、平和、养生。鲁菜是北方菜的基础和代表，在北方流传很广、影响很大，很多鲁菜还传进宫廷，成为御膳。

鲁菜的经典菜品有糖醋黄河鲤鱼、红烧大虾等。菜的特点清香、鲜嫩、味美，鲁菜讲究清汤和奶汤的制作，清汤颜色鲜亮，味道鲜美，奶汤颜色乳白，味道醇厚。鲁菜的主要烹调方法有爆、炒、炸。曲阜的孔府菜在鲁菜中最有名。

鲁菜之糖醋鲤鱼

二、川菜

川菜即四川菜，是中华料理集大成者。川菜起源于古代的巴国和蜀国，春秋到秦朝是启蒙时期，西汉两晋时初步形成，唐宋时发展迅速。明末清初，辣椒从南美引入中国，更加促进了川菜的发展，完善了川菜的调味系统，善于使用辣椒、胡椒、花椒和鲜姜，味道又辣又酸又麻，形成了麻辣辛香、味道浓厚的特点。后来慢慢成为一个地方风味极其浓郁的菜系。

川菜以成都、重庆两地的风味为代表，取材很广泛、调味有特色、菜式也多样，其菜品独树一帜，但又博采众家之长，融会了东南西北各菜的特点，适应面广，深受大众欢迎，享誉中外。

川菜之毛血旺

三、淮扬菜

淮扬菜即江苏菜，发源于古代扬州、淮安一带。江苏自古为鱼米之乡，物产和饮食资源十分丰富，加上水陆交通发达、商业兴盛，使得淮扬菜形成了自己独特的风格。

淮扬菜主要由苏州、扬州、南京三个流派构成，其特点为：以江河湖海的水产品为主，用料广泛，刀工精细，烹调方法多样，擅长炖、煨、焖、炒、焐。淮扬菜追求本味本色，清鲜平和，并且略带甜味，菜品雅致漂亮，讲究造型，菜谱四季不同。

淮扬菜之狮子头

四、粤菜

粤菜即广东菜。粤菜的形成有悠久的历史。先秦时代，岭南是少数民族越族的领地，经济文化比较落后，与已经比较发达的中原地区相比，饮食相对粗糙。与鲁菜、川菜、淮扬菜系相比，粤菜起步较晚，秦朝才萌芽，汉魏逐渐成形，唐宋进一步发展，到明清才真正完成，清末有"食在广州"之说。

粤菜由广州菜、潮州菜、惠州菜三大流派组成，其中广州菜为主要代表。粤菜做法比较复杂、精细。它用料很广，粤菜的特点是清淡、新鲜、嫩滑、脆爽，几乎不用辣椒调味。粤菜讲究养生，擅长做海鲜，味道香、松、软、肥、浓。粤菜烹调吸收了西式菜的制作方法，富有洋味，其影响遍及海内海外，但粤菜传到国外后，一般要根据当地饮食习惯进行一些改良。

粤菜之白切鸡

◎ 思考：

（1）你品尝过哪些中国菜？它有什么特点？

（2）中国菜和你的家乡菜有什么异同？试着比较一下。

第七章　中国的语言文字

☞知识导读

　　语言文字是人类文化的重要特征，只有人类有真正的语言。汉语是世界上历史最悠久、发展水平最高的语言之一。它的演变历史充分体现了中华民族的文化发展过程和劳动人民的智慧。

☞课文精读

一、汉语

　　中国是一个有多种民族、多种语言、多种文字的国家，有56个民族，共有80种以上的语言、30种文字。汉语是汉民族的共同语，是中国使用人数最多的语言，除汉族使用汉语外，许多少数民族也在一定程度上使用汉语。汉语也是世界上使用人口最多的语言，约15亿使用者，占世界总人口的五分之一。汉语还是联合国六种正式工作语言之一。

　　汉语有着悠久的历史，从有文字开始算起已有3000多年，可以大致分为古代汉语和现代汉语。广义的古代汉语指从先秦西汉一直到五四运动前，汉族人民所使用的语言，包括文言和古白话。文言是上古汉语书面语及后代文人仿古作品中的语言，用文言写成的作品称为文言文，如先秦两汉的文献典籍等。古白话是魏晋南北朝后以北方话为基础而形成，比较接近口语。现代汉语是五四运动以后汉民族的通行语言，是在古代汉语的基础上形成、发展起来的。现代汉语又分为标准语和方言，现代汉语的标准语是普通话，在全国推广通用，它以北京语音为标准音、以北方话为基础方言、以典范的现代白话文著作为语法规范。汉语大致有八大方言①，分别是北方方言、吴方言、湘方言、赣方言、客家方言、粤方言、闽北方言、闽南方言。汉语的形式包括汉字和汉语拼音，汉字是记录汉语的文字，汉语拼音是汉字拼写和注音的工具。《汉语拼音方案》也是拼写中国地名、人名和中文文献等的国际标准。

　　现代汉语在语音、词汇、语法方面有着区别于其他语言的显著特点。

---

　　①　八大方言：包括北方方言、吴方言、湘方言、赣方言、客家方言、粤方言、闽北方言、闽南方言。北方方言以北京话为代表，习惯上称为"官话"。有东北官话、西北官话、晋话、西南官话等，使用人口占汉族总人数的70％以上。吴方言以苏州话和上海话为代表，使用人口占汉族总人数的8.4%左右。湘方言以长沙话为代表，使用人口占汉族总人数的5%左右。赣方言以南昌话为代表，使用人口占汉族总人数的2.4%左右。客家方言以梅州话为代表，使用人口占汉族总人数的4%左右。粤方言以广州话为代表，使用人口占汉族总人数的5%左右。闽北方言以福州话为代表，使用人口占汉族总人数的1.2%左右。闽南方言以厦门话为代表，使用人口占汉族总人数的3%左右。

首先，语音方面音节界限分明，有声母、韵母和声调三部分；声调高低变化明显，有四个声调，音乐性强。其次，词汇丰富，汉语总词汇量超过 50 万，常用词汇超过 5 万。现代汉语 70% 以上是双音节词。最后，语法方面，词类标志和词形变化少，一个词通常不会因为位置、时态的变化而有不同的写法，在不同的句子或不同的位置中一个词还可能是名词、动词或形容词，具有多功能性。语序和虚词重要，汉语没有明显的形态，常常用语序和虚词表达语法意义，比如可以用"着、了、过"表示时态，用"们"表示复数等。汉语量词、语气词丰富。汉语量词有 600 多个，别的语言几乎没有或很少。语气词常出现在句末，表示各种语气的细微差别。

二、汉字

汉字是记录汉语的符号系统，又称汉文、中文、华文、中国字、方块字。世界上几种最古老的文字，只有汉字是唯一流传并使用至今的文字。汉字是学习汉语的重点和难点。

（一）汉字的产生

汉字的起源有很多说法，因年代久远，已无法考证，但汉字产生的时间大致是在原始社会末期。1952 年，陕西出土的距今约 6000 年的彩绘陶器上刻画着二十二种符号，用来表达思想、传递信息，这被认为是中国的原始文字。

半坡文化鱼纹彩陶盆

中国比较成熟的文字出现在 3000 年前，是河南安阳出土的商代甲骨文和青铜器铭文，大约有 5000 个汉字。这些成批的文字数量较多、结构较复杂，而且有严密的规律，自成体系。但随着社会生产生活的发展，人们表达思想传递信息的需求越来越高，原有汉字无论在数量上还是在字形上都无法满足需求，于是，人们就用各种造字方式不断创造出更多的汉字并开始简化汉字的形体。春秋战国时期甲骨文金文发展为大篆；秦朝统一文字，把大篆简化为小篆；汉朝进行一次大变革，小篆演变为隶书，基本摆脱了古文字的象形特征；东汉末，在隶书的基础上进一步简化成楷书，方方正正的汉字基本定形，一直沿用至今。

（二）汉字的造字方式

东汉许慎在他的《说文解字》①中认为汉字是用象形、指事、会意、形声、转注、假

① 《说文解字》：shuō wén jiě zì，（Origin of Chinese Characters）简称《说文》，是由东汉经学家、文字学家许慎编著的语文工具书著作。《说文解字》是中国最早的系统分析汉字字形和考究字源的语文辞书，也是世界上很早的字典之一。

借这六种方式构造而成的，简称"六书"。后人普遍认为转注和假借属于用字的方法，造字法只有前四种。

（1）象形

象形是通过描绘物体形状来表示字义的造字法。用这种方法造的字就是象形字，以甲骨文为例：

人:	禾:	孕:	鸟:	屎:
牛:	羊:	目:	屎:	水:
尾:	马:	鹿:	网:	门:
栅:	山:	火:	酒:	雨:
包:	囚:	日:	月:	象:
鱼:	伏:	射:	舟:	饮:

象形字

象形造字法接近图画，难以描绘复杂的事物、抽象的概念，无法满足记录语言的需要。象形字虽然数量不多，但它是汉字的基本部件，大部分会意字和形声字都是以象形字为基础构成的。

（2）指事

指事是用象征性符号或在象形字上加提示符号来表示字义的造字法。用这种造字法造的字就是指事字，如：

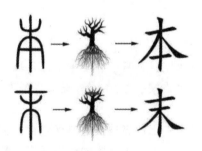

指事字

指事字和象形字都是独体字，由单一的形体构成，不能再切分。它们的主要区别是：指事字重在用抽象符号进行提示，象形字重在描摹原物之形。

指事字可以分两种：一种是象征性符号的指事字，比如用向上和向下的两条长弧线为基准，上边和下边各加一短线表示"上"和"下"。另一种是在象形字上加提示符号的指事字，如"本"原意是树根，在"木"下部加一点或短横，表示树根所在；"末"的原意是树梢，在"木"上部加一点或短横，表示树梢所在。

用象征符号和提示符号表示词义相当困难，所以指事字比象形字数量还少。

（3）会意

会意字，是指用两个及两个以上的部件，根据各自的意义所组合成的一个新汉字，这种造字法就叫会意。用会意造字法造出的汉字就是会意字。会意字是合体字，至少要2个部分组成。如：

会意字

左边"日"，右边"月"，就是"明"，表示明亮。"休"字是一个人靠在一棵树边，表示休息。

会意字弥补了象形和指事的局限，不仅可以表示很多抽象的意义，而且造字功能很强。《说文解字》收会意字1167个，比象形字、指事字多得多。

（4）形声

形声是由表示字义的部件（形旁）和表示字音的部件（声旁）组成新字的造字法。用形声法造的字叫形声字。形声法是造字法中使用最多的，现行汉字大部分是形声字。

按照形旁和声旁的位置，形声字组合方式大体有以下几种：

①左形右声。例如"城、按、种、湖"。

②右形左声。例如"鸭、放、飘、领"。

③上形下声。例如"草、望、筐、零"。

④下形上声。例如"忠、梨、态、想"。

⑤外形内声。例如"阁、阔、围、凰"。

⑥内形外声。例如"问、床、闷、闻"。

形声造字法是用已有的象形字、指事字、会意字，采取不同的组合方式来造字的，可以造出大量的汉字，在古代，据许慎《说文解字》统计，形声字占了全部汉字的85%。在现行汉字中，则占了95%以上。

形声字的出现，是汉字发展史上的突破。它使汉字由过去的单纯表意发展到既表意又表音，读音、意义巧妙结合，为人们认识汉字和运用汉字，带来了极大方便。

（5）转注和假借

转注，一般是指部首相同，声音相近或相同，字义有共同点、可以相互解释，这样的字就是转注字。例如："老、考"二字，相互解释，于是成为意义相同，部首相同，声音相近的一对转注字。现代汉语中，转注字有相同的形旁，可以互相解释，如"至"和"到"，"船"和"舸"。

假借，是一种同音代替的方法。指的是本来没有那个字，为了表达的需要，在不另造新字的情况下借用旧字来表达新义。比如，"令"本义表示命令，后来出现"县令"这个新的意义的时候，没有另外造一个新字，直接用"令"来表示。

（三）汉字标准

古代汉字大多是繁体字，笔画多，字形复杂，为了使用更方便，现代汉语推广通用的规范汉字，规范汉字是汉字简化①的结果，包括一些无须整理简化的传承字和经过整理简化的简化字。规范汉字的标准是"字有定量、字有定形、字有定音、字有定序"。

汉字总数 10 万多个，数量特别多，新中国成立后，国家进行了一系列文字标准化工作。《现代汉语常用字表》收入 2500 个常用字和 1000 个次常用字，《现代汉语通用字表》收入 7000 个通用汉字，对汉字进行分级定量，并发表《简化字总表》，确立了现代汉字的标准形体，对每个汉字定形，做到了一字一形。

説 shuō	说	爲 wéi	为	無 wú	无	師 sī	师
華 huá	华	東 dōng	东	萬 wàn	万	後 hòu	后
覩 dǔ	睹	發 fā	发	慶 qìng	庆	戰 zhàn	战
義 yì	义	範 fàn	范	於 yú	于	賜 cì	赐
門 mén	门	風 fēng	风	飛 fēi	飞	氣 qì	气
鳳 fèng	凤	區 qū	区	葉 yè	叶	齒 chǐ	齿
經 jīng	经	場 chǎng	场	壞 huài	坏	雲 yún	云
傳 chuán	传	備 bèi	备	階 jiē	阶	陽 yáng	阳
張 zhāng	张	烟 yān	烟	燈 dēng	灯	爐 lú	炉
創 chuàng	创	則 zé	则	劉 liú	刘	動 dòng	动

繁简字对照表

1985 年发布《普通话异读词审音表》以及后来的修订稿，统一了异读词的读音，为现代汉字的字音规范提供了明确的依据。定序是指规定现代汉语通用字的排列顺序，有按照字义分类排序的义序法，有按照字母顺序排列的音序法，还有按照字形排列的形序法。

三、汉字文化圈

汉字文化圈是指汉字的诞生地中国以及受中国文化影响的周边国家或民族，包括中国和越南、朝鲜、韩国、新加坡、泰国、蒙古、日本等地区。这些周边国家在历史上深受中

---

① 汉字简化：是指把原来形体结构较为复杂的字变得相对简单的语言规划行为。这些简化前的字叫繁体字，简化后的字叫简化字或简体字。中国大陆通用简体字，但在中国港澳台地区以及海外华人等少数群体仍在使用繁体字。

国文化和文明的影响，从中国历代王朝引进国家制度、政治思想并发展出相似的文化和价值观，曾经完全使用或与本国固有文字混合使用汉字。比如越南语、朝鲜语（韩语）和日本语三语的书写字有六成源于汉字。

　　汉字在汉朝时传入越南，一直使用至12世纪。直到13世纪时才出现从汉字衍生出去的越南喃字，并与汉字一起使用，到20世纪才废除汉字和喃字。汉字传到日本和朝鲜，演变出汉字式的字母。日本使用汉语文言500年之后，创造"假名"，跟汉字混合使用至今，现在日语中仍有大量的汉字作为书写符号。朝鲜使用汉语文言1000年之后，创造"谚文"，但还是汉字为主，又过了500年，"谚文"才成为跟汉字混合使用中的主要成分。现在韩国一般的高中毕业生也能认识1800个左右的汉字。

　　很多移居到世界各地的华人也非常重视汉语汉字汉文化的学习和传承。新加坡、马来西亚全国通用汉语、使用简化字，缅甸、越南部分地区通用汉语，加拿大、英、美、澳大利亚、新西兰等各国的华人社区也普遍使用汉语。随着中国国力的增强，国际地位的提升，世界各地掀起"汉语热"，越来越多的人开始学习和使用汉语、了解中国文化和文明。

☞**重要生词**

1.	共同语	gòngtóngyǔ	common language
2.	文言	wényán	classical Chinese
3.	古白话	gǔbáihuà	ancient vernacular
4.	文献	wénxiàn	literature；document
5.	方言	fāngyán	dialect
6.	推广	tuīguǎng	popularize
7.	典范	diǎnfàn	exemplary, classic
8.	白话文	báihuàwén	writings in vernacular
9.	界限	jièxiàn	dividing line
10.	功能	gōngnéng	function
11.	符号	fúhào	symbol；mark
12.	系统	xìtǒng	system
13.	考证	kǎozhèng	make textual criticism
14.	简化	jiǎnhuà	simplify
15.	金文	jīnwén	inscriptions on ancient bronze objects
16.	大篆	dàzhuàn	big seal character
17.	小篆	xiǎozhuàn	small seal character
18.	隶书	lìshū	official script
19.	象形	Xiàngxíng	pictograph
20.	楷书	kǎishū	regular script
21.	指事	Zhǐshì	self-explanatory characters
22.	会意	Huìyì	associative compounds
23.	形声	Xíngshēng	pictophonetic characters

24. 转注	Zhuǎnzhù	mutually explanatory
25. 假借	Jiǎjiè	phonetic characters
26. 六书	Liùshū	six categories of Chinese characters
27. 抽象	chōuxiàng	abstract
28. 提示	tíshì	point out
29. 切分	qiēfēn	divide；cut(into several parts)
30. 描摹	miáomó	trace
31. 弧线	húxiàn	arc，curve
32. 弥补	míbǔ	make up；remedy
33. 突破	tūpò	break through
34. 表意	biǎoyì	presentiveness
35. 部首	bùshǒu	radicals
36. 繁体字	fántǐzì	traditional Chinese characters
37. 明确	míngquè	clear and definite
38. 相似	xiāngsì	resenble；be similar
39. 固有	gùyǒu	intrinsic；inherent
40. 混合	hùnhé	mix；blend
41. 衍生	yǎnshēng	derive

☞专有名词

1. 中华民族	Zhōnghuámínzú	Chinese nation
2. 先秦	Xiānqín	the pre-Qin days
3. 五四运动	WǔsìYùndòng	May 4th Movement of 1919
4. 青铜器铭文	qīngtóngqì míngwén	bronze inscription
5. 河南安阳	Hénán Ānyáng	Henan(Province) Anyang
6. 许慎	Xǔ Shèn	Xu Shen
7. 喃字	Nánzì	Chu Nom
8. 假名	Jiǎmíng	Kana
9. 谚文	Yànwén	Korean Proverbs
10. 缅甸	Miǎndiàn	Burma
11. 澳大利亚	Àodàlìyà	Australia
12. 新西兰	Xīnxīlán	New Zealand

☞综合注释

一、汉语还是联合国六种正式工作语言之一。

X 是……之一　表示 X 是表达内容的其中一个，体现了汉语经济准确而不夸张的交际心理。例如：

1. 佛教反对杀生，杀人是四重罪之一 。

2. 那个和他在排球场后面谈过话的中年人，居然也是受害者之一 。

◆ 练一练：完成下列句子。

(1) 我是＿＿＿＿＿＿＿＿＿＿＿＿＿＿之一。

(2) 中国是＿＿＿＿＿＿＿＿＿＿＿＿之一。

二、象形字虽然数量不多，但它是汉字的基本部件，大部分会意字和形声字都是以象形字为基础构成的。

以 X 为…… 表示把 X 当作某事物。例如：

1. 文学语言也必须以口语为源泉。

2. 以王教授为团长的学术考察团已到达北京。

◆ 练一练：完成下列句子。

(1) 为了实现真正的和平，他们以＿＿＿＿＿＿为＿＿＿＿＿＿。

(2) 小学开始，妈妈就以＿＿＿＿＿＿为＿＿＿＿＿＿，不让我出去玩。

三、随着中国国力的增强，国际地位的提升，世界各地掀起"汉语热"，越来越多的人开始学习和使用汉语、了解中国文化和文明。

随着…… 多用于表示引出伴随的条件或状态。例如：

1. 随着"砰"一声巨响，仓库爆炸了。

2. 随着一个个小时的流逝，我的心情已经越来越紧张了。

◆ 练一练：完成下列句子。

(1) 随着＿＿＿＿＿＿＿＿＿＿＿＿，他对梦想也越发坚定。

(2) 随着＿＿＿＿＿＿＿＿＿＿＿＿，他越来越疑惑。

☞综合练习

一、根据拼音写出词语。

(1) mín zú ＿＿＿＿＿＿　(2) fú hào ＿＿＿＿＿＿　(3) qǐ yuán ＿＿＿＿＿＿

(4) sī xiǎng ＿＿＿＿＿＿　(5) yì yì ＿＿＿＿＿＿　(6) dàn shēng ＿＿＿＿＿＿

二、用所给的词语造句。

(1) 演变：

(2) 广泛：

(3) 突破：

(4) 典籍：

(5) 弥补：

(6) 推广：

三、选择合适的词语填空。

(1) 诞生　　发生　　产生　　发现　　爆发

A. 人类的语言是在集体生产劳动中＿＿＿＿＿＿的。

B. 他自己也是在这种炎热的环境中＿＿＿＿＿＿、长大的。

C. 我有一篇猛烈如火的话积在胸中需要＿＿＿＿＿＿，但是，此时它已被泪水浇灭。

D. 如果，万一发生了不幸——但愿神不让这事情＿＿＿＿＿＿。

E. 生活中为了＿＿＿＿＿＿＿“小确幸”（小而确实的幸福），或多或少是需要有自我约束的。

（2）差别　　分别　　分辨　　分明　　分散

A. 就那样＿＿＿＿＿＿＿，还不知什么时候才能再见到你。

B. 这条路长着呢！你要去的那头，人们住得很＿＿＿＿＿＿＿。

C. 从田野上远远望去，植物只能从颜色上＿＿＿＿＿＿＿。

D. 一切都显得清楚，确实，轮廓＿＿＿＿＿＿＿，好像照相机的镜头对准了焦距。

E. 它们看起来没有什么特别的地方，颜色相同，式样相同，没有＿＿＿＿＿＿＿。

四、根据课文内容，回答问题。

（1）请简要说说，什么是现代汉语。

（2）现代汉语在语音上有什么特点？

（3）举出五个以"日"为部首的字，并说明太阳在汉字文化中的意义。

五、写作。

随着中国国力的增强，国际地位的提升，世界各地掀起"汉语热"，越来越多的人开始学习和使用汉语、了解中国文化和文明。查阅资料，简要谈谈你的母语与汉语最显著的区别。

☞**拓展阅读**

汉字字形演变过程

汉字的形体，就是字体，指汉字的书写体态。由古代汉字到现行汉字，汉字的形体一直按照从繁到简、简化易写的规律演变。经历了甲骨文、金文、篆书、隶书、楷书、草书、行书、宋体印刷字的发展过程。

一、甲骨文——最早的成体系的汉字

甲骨文是殷商时期刻在龟甲和兽骨上的文字。公元 1889 年在殷商都城遗址（今河南安阳）出土，因此又叫"殷墟文字"。甲骨文已出土近 20 万片，文字约 5000 个，已被识别的字大约有 1700 个，未识别的大多是族名、人名、地名等专用字。甲骨文是用刀刻在兽骨龟甲上的，笔画粗细不一，字体大小不一，繁简不一，异体字多，还留有图画文字的痕迹。甲骨文已是相当成熟的文字系统，是世界上最早、还延续至今的方块文字，是中华古文明的符号。

商代的甲骨文

二、金文——铸在青铜器上面的文字

金文是指西周及春秋时期刻在钟和鼎等青铜器上的文字，又叫钟鼎文。

金文由甲骨文演变而来，字体与甲骨文没有很大区别。但笔画比甲骨文丰满粗大，形体比甲骨文简单，已渐渐脱离图画的原形。到战国末年，字体逐渐接近小篆。因此从金文中可以看出甲骨文到篆书的演变痕迹，现在见到的金文约有 3000 多字，已经识别出来的有 2000 多字。

大盂鼎铭文

三、篆书——首次统一规范定型的汉字

篆书包括大篆和小篆。大篆是春秋战国时期秦国流行的文字，大篆与金文很接近，但比金文笔画更匀称，结构更工整。

小篆是秦始皇统一六国后推行的标准字体，又叫"秦篆"。小篆结构更简化，笔画更圆润。秦朝在全国统一推行小篆，对汉字进行了有计划的整理和简化，在汉字发展史上影响深远。

峄山刻石复刻本字迹

四、隶书——古代汉字和现代汉字的分水岭

隶书是流行于秦汉时期的字体，有秦隶和汉隶之分。秦朝篆书、隶书并用。小篆主要用于官方，隶书主要用于民间。秦隶是从篆书发展出来的，将篆书变繁为简，变弧为直，变圆为方，基本摆脱了象形的特点。汉隶在秦隶的基础上进一步演变，几乎没有了篆书的笔法，成为汉代通行的字体。从古文字演变到今文字，隶书是一个重要的转折点，在汉字发展史上具有重要意义。

汉隶　张迁碑

五、楷书——汉字字体的楷模

楷书，又叫做"真书""正书"。《辞海》说"形体方正，笔画平直，可作楷模。"所以叫楷书。兴起于东汉末年，盛行于魏晋时期，字体端正，是对隶书的简化。楷书一直沿用至今，汉字字形发展到楷书就基本确定了。

柳公权　玄秘塔碑

六、草书——速写的字体

草书是在隶书基础上为了书写简便而演变出来的一种字体。可分为章草、今草和狂草。

章草是隶书的草体字，东汉章帝时期流行，因而得名。章草字字独立，字形扁，笔带横势，有波形。

今草出现在东汉末年，在章草基础上进一步"草化"，字体没有了波形，字体连绵，一气呵成。

狂草出现在唐代，在今草基础上继续发展。狂草字形很难辨认，没有什么实用价值，只能当作书法艺术形式。

怀素　自叙帖

七、行书——草书楷书的中间体

行书介于今草和楷书之间，出现在楷书和草书盛行的时期。行书比楷书简便，比草书易认，笔势连贯，书写快捷，具有很高的实用价值。

行书的著名碑帖很多，如钟繇的《宣示表》、王羲之的《兰亭序》等。

王羲之　兰亭序

中国汉字字体的演变和官方标准文字的推行往往是同步的。但唐宋以后，由于印刷术的不断发展和普及，通行的字体为宋体印刷字，汉字的自然演化就几乎停顿了。新中国成立后，推广使用"字有定量、字有定形、字有定音、字有定序"的规范汉字，汉字字形基本固定下来。

◎ 思考：

(1)汉字的形体经历了哪几个重要的发展过程？

(2)找一幅书法作品，从它的字体、字形、结构、艺术性等方面谈谈你对它的看法。

第八章　中国的文学

☞知识导读

　　文学起源于人类社会的生产生活，用于表达内心情感，再现社会生活的艺术形式。中国文学是中华文明的重要组成部分，各朝各代都有大量杰出的作家和优秀的作品。

☞课文精读

　　文学是一门语言艺术，随着语言的产生而产生，在文字出现之前就有了口头文学。在原始社会的集体劳动过程中，人们需要配合，就自然地喊出带上一定节奏的劳动号子，在祈求和庆祝丰收的祭祀活动中会诵念一些歌谣，在劳动之余会讲述一些神话传说，劳动号子、祭祀歌谣、神话传说构成了原始文学的主要内容，因为没有文字记载，都只是口耳相传的口头文学。文字产生以后，书面文学开始出现，从此，文学在语言文字的不断成熟过程中迅猛发展并分化出不同的文学样式。文学样式也叫文体，主要有诗歌、散文、小说、戏剧等类别。在中国各个不同历史时期都有不同的文学样式和代表作品。

　　秦朝及以前(先秦)的文学样式以散文和诗歌为主。散文分为历史散文①和诸子散文②两大类。历史散文有《春秋》《左传》《战国策》等。诸子散文中最著名的是记录孔子及其弟子言行的语录文集《论语》，是儒家经典，"半部论语治天下"，从一个侧面反映出此书在中国古代社会所发挥的作用与影响之大。

　　先秦诗歌，包括《诗经》《楚辞》及部分原始歌谣和传统民歌，是中国古代诗歌的源头。《诗经》也被称为《诗》《诗三百》，是中国第一部现实主义诗歌总集，分为《风》《雅》《颂》三个部分。《楚辞》是中国文学史上第一部浪漫主义诗歌总集及浪漫主义文学源头，是中国第一部有作者的诗集，由屈原及后学所作，运用楚地的方言书写。

　　两汉时期的文学以赋为主，赋是中国古代的一种有韵文体，介于诗和散文之间，是东汉和西汉时期四百年间最主要的文学样式。赋的主要特点是结构宏大、用词华丽、手法夸张等，深受当时的帝王们喜爱。汉赋的代表是司马相如，被誉为"赋圣"，他的代表作有《子虚赋》《上林赋》。除了汉赋之外，历史学方面的成就也很高，汉代史学家司马迁创作

---

　　① 历史散文：是以记述历史事件的演化过程为主，最早的历史散文是《尚书》。历史散文的类别可分为"国别体""编年体"和"纪传体"。

　　② 诸子散文：指的是战国时期各个学派的著作，反映着不同学派的思想倾向、政治主张和哲学观点。春秋战国时期，各种思想流派的代表人物纷纷著书立说，宣传自己的社会政治主张。

了中国历史上第一部纪传体通史《史记》，它在叙事和人物描写上都取得很大成就，有很高的文学价值。

魏晋南北朝时期五言七言诗盛行，五言诗每句五个字，七言诗每句七个字，句数可多可少，不限长短，代表作有《古诗十九首》。东晋时期的著名诗人陶渊明是田园诗的开创者，他的诗歌表达了对田园生活的热爱。这一时期还产生了中国第一部系统的文学理论专著——刘勰的《文心雕龙》。

隋唐五代文学非常繁荣，在诗、文、小说、词等方面全面发展，尤其是唐代诗歌，代表了中华诗歌的最高成就。唐诗在五言七言诗的基础上发展出五言七言绝句和五言七言律诗，绝句每首四句，律诗每首八句。唐代诗歌流派众多，有以高适、岑参为代表的"边塞诗派"，也有王维、孟浩然为代表的"田园诗派"等。唐朝最杰出的两位诗人是李白和杜甫。浪漫主义诗人李白的诗歌清新自然，想象奇特，被称为"诗仙"，代表作有《行路难》《蜀道难》等。现实主义诗人杜甫心忧天下，情系苍生，被称为"诗圣"，代表作有"三吏三别①"。

李白画像

杜甫画像

两宋时期文学的主要成就是宋词。宋词按风格分为豪放派和婉约派。豪放派的词创作视野广阔，语言豪迈奔放，以苏轼的《水调歌头》、辛弃疾的《水龙吟》为代表。婉约派侧重儿女风情，语言清新美丽，以柳永的《雨霖铃》、李清照的《如梦令》为代表。另外，宋代散文也取得了很高成就，以王安石《游褒禅山记》、苏轼《赤壁赋》等为代表。

元代文学最杰出的成就是元曲，包括杂剧和散曲。杂剧是戏曲，是舞台表演的剧本，散曲是诗歌，只是清唱的歌词，它们属于不同的文学样式。元曲作品题材广泛，反映现

---

① 三吏三别：是杜甫的作品，即《新安吏》《石壕吏》《潼关吏》《新婚别》《无家别》《垂老别》。深刻写出了民间疾苦及在乱世之中的无奈，揭示了战争给人民带来的巨大不幸和困苦，表达了作者对倍受战祸摧残的老百姓的同情。

实，语言通俗，形式活泼，民间气息浓厚，是一种全新的艺术形式。关汉卿、白朴、郑光祖、马致远被称为元曲四大家，他们的代表作分别为《窦娥冤》《墙头马上》《倩女幽魂》《汉宫秋》。

明清时期的主要文学样式是小说，是中国小说史上的繁荣时期。这一时期，产生了中国的四大名著《三国演义》《西游记》《水浒传》《红楼梦》，标志着中国古典长篇小说发展到了成熟阶段。明代短篇白话通俗小说以"三言二拍"①为代表。明清小说不仅展现了明清时代的生活面貌和社会状态，还传递着中华民族的优良传统和文化精髓。

20 世纪初中国一些知识分子发起了反对封建主义的思想解放运动，提倡新文学，反对文言文，以 1915 年陈独秀的《青年杂志》创办为标志，开始了新文化运动，拉开了文学革命的序幕，标志着古典文学的结束、现代文学的开始。文学创作从文言文向白话文转变。现代白话小说的开山之作，是鲁迅的《狂人日记》。鲁迅是这个时期最具代表性的文学家，是 20 世纪中国伟大的思想家与文学家，被称为现代中国的民族魂。这一时期，小说、诗歌、散文、戏剧创作都很繁荣，涌现出大量优秀作家和很多文学流派。著名作家茅盾是中国革命文艺的奠基人，他的代表作是长篇小说《子夜》，茅盾文学奖以他的名字命名，是中国文学的最高荣誉。

鲁迅

中国当代文学是指 1949 年新中国成立之后的文学。新中国成立初期，文学创作的主流是反映中国人民的历史和现实生活，注重题材与主题的重大性与时代性，以战争和农村为背景，有广阔的历史内容和相当的思想高度，从历史进程中反映昂扬的战斗精神，积极向上，充满激情与理想主义，具有非常明显的民族特色和时代特征。代表

---

① 三言二拍："三言"指冯梦龙的《喻世明言》《警世通言》和《醒世恒言》，是中国文学史上第一部规模宏大的白话短篇小说总集，"二拍"指凌濛初的《初刻拍案惊奇》《二刻拍案惊奇》，"二拍"是仿冯梦龙的"三言"创作的。

作品有《茶馆》①《红岩》②《青春之歌》③等。

　　1979 年召开的中国文学艺术工作者代表大会上，明确了"文艺为人民服务，为社会主义服务"的方向，文学创作更多地开始描写时代风云中普通人的历史命运和人生道路，展示改革者的典型形象。同时，也有部分作家作品对过去十年的社会、政治和历史进行思考，重新焕发了创作热情和新的活力，出现了改革文学④、伤痕文学⑤、寻根文学⑥等小说流派。

　　九十年代以后，中国作家放弃了宏大的历史叙事，转向个人化叙事，风格多样，价值取向多元，内容更注重个人生命体验，更贴近生活本身，文学进入回归到文学本身的时期，比如《活着》⑦《黄金时代》⑧等。这一时期，大量中国当代文学的优秀作品被翻译介绍到国外，并获得了许多重要的国际奖项，著名作家莫言在 2012 年获得诺贝尔文学奖。

　　2000 年之后，随着互联网和智能手机的普及，中国出现了大量网络文学作品并随着互联网传播到世界各地。截至 2020 年中国的网络文学作品传播到海外已经超过 10000 部。有人把中国的网络文学和美国的好莱坞电影、日本的动漫、韩国的电视剧，并称为当代世

---

　　①　《茶馆》：是老舍于 1956 年创作的话剧，以老北京的裕泰茶馆的兴衰历程为背景，讲述了戊戌变法、军阀混战和新中国成立前夕三个时代近半个世纪的社会风云变化以及中国普通民众经历的苦难和生活逐步崩溃的故事。

　　②　《红岩》：是罗广斌、杨益言 1961 年创作的长篇小说，描写了人民解放军进军大西南的形势下，重庆的国民党疯狂镇压共产党的地下革命斗争，表现了齐晓轩、许云峰、江雪琴等共产党人视死如归的大无畏英雄气概。

　　③　《青春之歌》：是杨沫 1958 年创作的长篇小说，是作者以亲身经历为素材创作的半自传体小说。以 20 世纪 30 年代日本侵华的"九·一八事变"到"一二·九运动"爱国学生运动为背景，通过女主人公林道静如何走上革命斗争的故事，描写了知识分子的成长道路。

　　④　改革文学：是 1978 年中国改革开放以后特有的文学。作家关注改革发展，并在文学中发表自己关于中国发展的种种思考和设想。代表作有蒋子龙的《乔厂长上任记》，记叙了某电机厂厂长乔光朴克服种种矛盾与阻力，大刀阔斧、锐意改革的故事。

　　⑤　伤痕文学：是 20 世纪 70 年代末到 80 年代初中国的一种文学现象，主要描述了知青、知识分子及城乡普通民众在十年文化大革命中的悲剧性遭遇，作家作品关注反思历史，是中国当代文学史上的第一个悲剧高潮。代表有卢新华的小说《伤痕》、刘心武的小说《班主任》。

　　⑥　寻根文学：20 世纪八十年代中期，中国文坛受到拉美魔幻现实主义文学的影响，兴起了一股"文化寻根"的热潮，作家们开始挖掘传统意识、民族文化心理，寻找民族文化、民族文学的根，他们的创作被称为"寻根文学"，代表作家有韩少功、莫言等。寻根文学开启了中国当代文学走向世界的新时代。

　　⑦　《活着》：是余华发表于 1992 年的长篇小说。小说以普通、平实的故事情节讲述了在急剧变革的时代中徐福贵的不幸遭遇和坎坷命运，在冷静的笔触中展现了生命的意义和存在的价值，揭示了命运的无奈，与生活的不可捉摸。

　　⑧　《黄金时代》：是作家王小波创作的中篇小说，是作品系列之"时代三部曲"中的一部作品，作品虽然同样是知青题材，但是对现实的批判和嘲讽，直面人性，直面自己，对人生存状态的反思，对人性自由和本真的彰显，实现了知青文学的突破。

界的四大文化奇观，从一个侧面可见中国网络文学的影响。中国网络文学的样式以小说为主，主要内容有玄幻、征战、惊险、爱情、都市等。

☞重要生词

1.	再现	zàixiàn	be reproduced
2.	杰出	jiéchū	outstanding
3.	节奏	jiézòu	rhythm
4.	歌谣	gēyáo	ballad
5.	口耳相传	kǒu'ěrxiāngchuán	teach orally
6.	诗歌	shīgē	poetry
7.	散文	sǎnwén	prose
8.	戏剧	xìjù	drama
9.	宏大	hóngdà	grand
10.	专著	zhuānzhù	monograph
11.	奇特	qítè	peculiar, singular
12.	苍生	cāngshēng	the common people
13.	视野	shìyě	ken; vision
14.	豪迈	háomài	bold and generous
15.	奔放	bēnfàng	bold and unrestrained
16.	婉约	wǎnyuē	graceful and restrained
17.	剧本	jùběn	script
18.	题材	tícái	theme
19.	通俗	tōngsú	popular; common
20.	气息	qìxī	flavor; style
21.	精髓	jīngsuí	quintessence
22.	创办	chuàngbàn	establish; found
23.	序幕	xùmù	prelude
24.	开山之作	kāishānzhīzuò	a pioneering work
25.	奠基	diànjī	foundation laying
26.	文艺	wényì	literature and art
27.	荣誉	róngyù	honour; glory
28.	昂扬	áng'yáng	high spirited
29.	激情	jīqíng	passion; intense emotion
30.	焕发	huànfā	coruscate
31.	多元	duōyuán	pluralistic
32.	普及	pǔjí	popularize
33.	奇观	qíguān	wonder

☞**专有名词**

1.	《春秋》	*Chūnqiū*	*The spring and autumn annals*
2.	《左传》	*Zuǒzhuàn*	*Zuo Zhuan*
3.	《战国策》	*Zhànguó Cè*	*Zhan Guo Ce*
4.	《论语》	*Lúnyǔ*	*The Analects of Confucius*
5.	《诗经》	*Shījīng*	*The Book of Songs*
6.	《楚辞》	*Chǔ Cí*	*Chu Ci*
7.	现实主义	Xiànshízhǔyì	Realism
8.	浪漫主义	Làngmànzhǔyì	Romanticism
9.	赋	Fù	Fu
10.	司马相如	Sīmǎ Xiàngrú	Sima Xiangru
11.	《子虚赋》	*Zǐxūfù*	*Zixu Fu*
12.	《上林赋》	*Shànglínfù*	*Shanglin Fu*
13.	司马迁	Sīmǎ Qiān	Sima Qian
14.	纪传体	jìzhuàntǐ	Biographical style
15.	《史记》	*Shǐjì*	*Historical Records*
16.	《古诗十九首》	*Gǔshī Shíjiǔ Shǒu*	*Nineteen Ancient Poems*
17.	陶渊明	Táo Yuānmíng	Tao Yuanming
18.	田园诗	Tiányuánshī	Idyllic poetry
19.	刘勰	Liú Xié	Liu Xie
20.	《文心雕龙》	*Wénxīndiāolóng*	*Wen Xin Diao Long*
21.	绝句	Juéjù	Quatrains
22.	律诗	Lùshī	Metrical poetry
23.	高适	Gāo Shì	Gao Shi
24.	岑参	Cén Shēn	Cen Shen
25.	边塞诗派	Biānsàishīpài	Frontier fortress poetry school
26.	王维	Wáng Wéi	Wang Wei
27.	孟浩然	Mèng Hàorán	Meng Haoran
28.	李白	Lǐ Bái	Li Bai
29.	杜甫	Dù Fǔ	Du Fu
30.	《行路难》	*Xínglùnán*	*Difficult Travel*
31.	《蜀道难》	*Shǔdàonán*	*Difficult Sichuan Road*
32.	豪放派	Háofàngpài	Bold and unconstrained school
33.	婉约派	Wǎnyuēpài	Graceful and restrained poetic genre
34.	苏轼	Sū Shì	Su Shi
35.	《水调歌头》	*Shuǐdiàogētóu*	*Head of Water Melody*
36.	辛弃疾	Xīn Qìjí	Xin Qiji

37. 《水龙吟》	*Shuǐlóngyín*	*Water Dragon Chants*
38. 柳永	Liǔ Yǒng	Liu Yong
39. 《雨霖铃》	*Yǔlínlíng*	*The early rain bell*
40. 李清照	Lǐ Qīngzhào	Li Qingzhao
41. 《如梦令》	*Rúmènglìng*	*Like a Dream*
42. 王安石	Wáng Ānshí	Wang Anshi
43. 《游褒禅山记》	*Yóu Bāochánshān Jì*	*A visit to the Zen Mountain*
44. 《赤壁赋》	*Chìbì Fù*	*Fu on Red Cliff*
45. 杂剧	Zájù	Zaju
46. 散曲	Sǎnqǔ	Sanqu
47. 关汉卿	Guān Hànqīng	Guan Hanqing
48. 白朴	Bái Pǔ	Bai Pu
49. 郑光祖	Zhèng Guāngzǔ	Zheng Guangzu
50. 马致远	Mǎ Zhìyuǎn	Ma Zhiyuan
51. 《窦娥冤》	*Dòu É Yuān*	*Dou E's Grievance*
52. 《墙头马上》	*Qiángtóu Mǎshàng*	*The Wall Horse*
53. 《倩女幽魂》	*Qiànnǚ Yōuhún*	*The Ghost of a Beautiful Girl*
54. 《汉宫秋》	*Hàngōngqiū*	*Autumn in the Han Palace*
55. 《三国演义》	*Sānguó Yǎnyì*	*Three Kingdoms*
56. 《西游记》	*Xīyóu Jì*	*Journey to the West*
57. 《水浒传》	*Shuǐhǔ Zhuàn*	*Heroes of the Marshes*
58. 《红楼梦》	*Hónglóu Mèng*	*A Dream of Red Mansions*
59. 白话通俗小说	Báihuà Tōngsú Xiǎoshuō	Vernacular popular novel
60. 封建主义	Fēngjiànzhǔyì	Feudalism
61. 陈独秀	Chén Dúxiù	May Fourth leader
62. 《青年杂志》	*Qīngnián Zázhì*	*Youth Magazine*
63. 新文化运动	Xīnwénhuà Yùndòng	New Culture Movement
64. 鲁迅	Lǔ Xùn	Lu Xun
65. 《狂人日记》	*Kuángrén Rìjì*	*Madman's Diary*
66. 民族魂	Mínzúhún	Famous clan soul
67. 茅盾	Máo Dùn	Mao Dun
68. 《子夜》	*Zǐyè*	*Midnight*
69. 理想主义	Lǐxiǎngzhǔyì	idealism
70. 莫言	Mò Yán	Mo Yan
71. 诺贝尔文学奖	Nuòbèiěr Wénxué jiǎng	The Nobel Prize in Literature
72. 好莱坞	Hǎo Láiwū	Hollywood
73. 动漫	dòngmàn	comic
74. 玄幻	xuánhuàn	fantasy, fiction

75. 征战　　　　zhēngzhàn　　　　war
76. 惊险　　　　jīngxiǎn　　　　thrilling

☞综合注释

一、汉赋的代表是司马相如，被誉为"赋圣"，他的代表作有《子虚赋》《上林赋》。

被誉为……誉：赞誉、称赞。被誉为……意味被称赞为……例如：

1. 中国的宁夏被誉为富饶的"塞上江南"。

2. 中国一向礼貌谦和，被誉为"礼仪之邦"。

◆ 练一练：完成下列句子。

(1)大熊猫_____。

(2)他是一个非常神秘的人，_____。

二、除了汉赋之外，历史学方面的成就也很高。

除了 X 之外，表示 X 所代表的事物不包含在内。例如：

1. 除了苹果之外，你还有什么喜欢的水果吗？

2. 家里除了我之外，还有爸爸和妈妈。

◆ 练一练：完成下列句子。

(1)除了_____之外，我喜欢的动物还有小狗。

(2)除了_____之外，我还会说汉语。

三、标志，表明特征的记号或事物；表明某种特征。同英语中的某些单词一样，汉语中的某些词既可以当名词用，也可以当动词用，像标志这个词就是这样。例如：

1. 四大名著的产生，标志着中国古典长篇小说发展到了成熟阶段。（动词）

2. 新文化运动开始的标志是 1915 年陈独秀的《青年杂志》创刊。（名词）

◆ 练一练：指出画线的词是动词还是名词。

(1)每一个创伤都标志着向前迈进了一步。（　　）

(2)看地图时，要先看看下面列出的各种标志。（　　）

☞综合练习

一、用所给的词语造句。

(1)杰出：

(2)口耳相传：

(3)开山之作：

(4)精髓：

(5)奠基：

(6)普及：

二、选择合适的词语填空

(1)映照　　反映　　反应　　放映　　倒映

A. 地震发生前，某些动物往往会有异常的_____。

B. "半部论语治天下"这句话从侧面_____出《论语》的作用与影响。

C. 晚霞_____着波光粼粼的湖面。

D. 柳条_____在池塘里，像小姑娘的长发。

E. 影院里正_____着一部热门大片。

(2)涌现　　浮现　　呈现　　表现　　出现

A. 爷爷的笑脸时常_____在我眼前。

B. 校园里_____现出一片生机勃勃的景象。

C. 20世纪的中国_____出大量优秀作家和很多文学流派。

D. 演讲能否成功，就看你明天的_____。

E. 大雨过后，天边_____了一道美丽的彩虹。

三、根据课文及注释内容判断正误。

(1)东晋时期的著名诗人李白被称为"诗仙"。（　）

(2)中国文学史上第一部浪漫主义诗歌总集是《诗经》。（　）

(3)唐代诗歌中"田园诗派"的代表人物有王维、孟浩然等。（　）

(4)现代白话小说的开山之作，是鲁迅的《狂人日记》。（　）

(5)《活着》是作者莫言发表于1992年的长篇小说。（　）

四、根据课文内容回答问题。

(1)元曲四大家及其代表作分别是什么？

(2)宋词按风格分为哪两个派系，每个派系有什么特点？

(3)中国的四大名著是什么？

五、讨论。

阅读完本章之后，想必你对唐诗有了一定的了解。请查阅相关资料，选择一首你喜欢的五言绝句，仔细阅读之后同大家分享你的阅读感受。

☞拓展阅读

中国最伟大的十本古籍

1.《周易》——群经之首，大道之源

《周易》是中国最古老的文化典籍之一，它在中国文化史上放射着智慧的光芒，在西方世界也日益受到重视，它已经影响了整个世界：计算机的二进制来自《易经》，黑格尔的正反辩证三定律来自《易经》，世界经济的运行规律跑不出《周易》，不少诺贝尔奖的成果都直接或间接地受过《易经》的启发和影响，据说就连太阳系第十颗行星——木王星的发现也是靠《易经》推出来的。所以，《易经》不仅是人类的大哲学，而且是人类的行动指南。

2.《道德经》——万经之王，东方圣经

《道德经》是春秋时期老子(李耳)的哲学作品，又称《道德真经》《老子》《五千言》《老子五千文》，是道家哲学思想的重要来源，共81章，论述修身、治国、用兵、养生之道，内涵广博，对传统哲学、科学、政治、宗教等产生了深刻影响。

3.《孙子兵法》——"兵学圣典"

《孙子兵法》又称《孙武兵法》《孙子兵书》《孙武兵书》等，是中国现存最早的兵书，是古代军事思想精华的集中体现，也是世界上最早的军事著作，被誉为"兵学圣典"。共有六千字左右，一共十三篇，作者为春秋时吴国将军孙武。《孙子兵法》被翻译成多种语言，在世界军事史上也具有重要的地位。

4.《离骚》——逸响伟辞，卓绝一世

《离骚》是战国诗人屈原的作品。《离骚》以理想与现实的冲突为主线，倾诉了对楚国命运和人民生活的关心，"哀民生之多艰"，主张"举贤而授能"，提出"皇天无私阿"。作品中大量的比喻和丰富的想像，表现出积极浪漫主义精神，开创了中国文学上的"骚"体诗歌形式，成为中国文学史上光照千古的绝唱，并对后世产生了深远的影响。

5.《史记》——史家之绝唱，无韵之《离骚》

《史记》是西汉史学家司马迁所作，是中国历史上第一部纪传体通史，为"二十四史"之首，记载了黄帝时代至汉武帝太初年间共3000多年的历史。全书包括十二本纪(历代帝王政绩)、三十世家(诸侯国和汉代诸侯兴亡)、七十列传(重要人物的言行事迹,)、十表(大事年表)、八书(各种典章制度)，共130篇，526500余字。《史记》不但是中国史传的集大成者，而且文学艺术成就很高，成为中国文学重要的源头活水。

6.《论语》——垂范千古的儒家经典

《论语》是儒家的经典著作之一，由孔子弟子及再传弟子编写而成。以语录体为主，叙事体为辅，主要记录孔子及其弟子的言行，集中体现了孔子的政治主张、伦理思想、道德观念及教育原则等。与《大学》《中庸》《孟子》并称"四书"，与《诗》《书》《礼》《易》《春秋》并称"五经"。《论语》是中国读书人的基础语言，并影响着全社会的思维结构，汉代以后儒家思想成为社会主流。

7.《红楼梦》——中国古典小说巅峰之作，中国封建社会的百科全书

　　《红楼梦》，中国古典四大名著之首，清代曹雪芹创作的章回体长篇小说，又名《石头记》《金玉缘》。小说以贾、史、王、薛四大家族的兴衰为背景，以贾宝玉、林黛玉、薛宝钗的爱情婚姻故事为主线，通过家族悲剧、人生悲剧揭示出封建末世危机。《红楼梦》是一部具有世界影响力的人情小说作品，是传统文化的集大成者。围绕《红楼梦》的研究形成了红学。英国媒体评出史上"十佳亚洲小说"，《红楼梦》居榜首。

　　8.《鬼谷子》——千古奇人

　　鬼谷子，名王诩，又名王禅。春秋战国时期人，因隐居清溪鬼谷，自称鬼谷先生，精通百家学问，其老师是世界辩证法之父老子。鬼谷子是中国历史上一位极具神秘色彩的人物，被誉为千古奇人。史书说他是长短纵横的谋略家，兵法家尊他为圣人；传奇中他是神通广大的智者；道教尊其为王禅老祖，宗教故事中说他是未卜先知的神仙；民间流传中说他是预测吉凶的命相家。

　　9.《三字经》——中国传统蒙学三大读物之一

　　《三字经》，是中国的传统启蒙教材，与《百家姓》《千字文》一样。三字一句，短小精悍，朗朗上口。内容包括文学、历史、哲学、天文地理、人伦义理、忠孝节义等，取材典范，浅显易懂，核心思想包括"仁、义、诚、敬、孝。""熟读《三字经》，可知千古事"。《三字经》是中华民族珍贵的文化遗产。

　　10.《说文解字》——世界上最早的字典

　　作者为东汉许慎。《说文解字》是中国第一部系统地分析汉字字形和考究字源的字书，是首部按部首编排的汉语字典，首次对"六书"做出了具体的解释。原文以小篆书写，逐字解释字体来源。全书共分 540 个部首，收字 9353 个。另有异体字 1163 个，共 10516字。《说文解字》是科学文字学和文献语言学的奠基之作，在中国语言学史上有极其重要的地位。

◎ 思考：

　　(1)中国最伟大的十大古籍有哪些？

　　(2)你对哪本经典古籍感兴趣？请选择一本了解并阅读。

第九章　中国的艺术

☞知识导读

　　艺术是一种文化现象，是文化精华的体现，具有技术性、形式性和审美性的特征。中国艺术包含了中国人民特有的人生智慧与艺术审美，它是中华民族的宝贵财富，也是全人类的宝贵财富。随着时代的变迁，中国的艺术还通过各种形式传播到世界各地，深受国内外民众的喜爱。

☞课文精读

　　中国的艺术是一个庞大的体系，包括书法、音乐、绘画、文学、戏曲、建筑等诸多领域。

　　一、书法

　　中国书法是一门古老的汉字书写艺术，是中国人独创的表现艺术。中国书法以笔、墨、纸、砚作为工具书写汉字，其形成、发展与汉字的产生与演进几乎同时。商周时期的甲骨文和金文，就已经有了书法的线条美、对称美等，这是书法的萌芽。秦汉时期汉字更加简洁、方正、流畅，书法也随之进入发展期，书法艺术开始自觉化。到魏晋年间，书法艺术进入了新的境界，大书法家王羲之的出现使书法艺术大放异彩。唐代书法是汉字书法史上的顶峰，出现了颜真卿、柳公权、怀素等一大批书法家和大量优秀作品。明清时期主要成就在字帖、碑文、石刻方面，书法重在模仿前人，以楷书为多。时至今日，中国书法有五种主要书体，分别是篆书体、隶书体、楷书体、行书体和草书体。中国书法也已经成为一个民族符号，代表了中国文化的博大精深和永恒魅力。

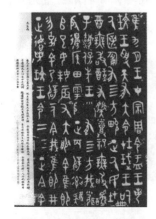

西周《大盂鼎铭文》(金文)

东晋　王羲之《兰亭序》

唐　颜真卿《多宝塔》

二、音乐

中国是"礼乐之邦"，远古时期就有吹奏乐器，到商周时期出现编钟等打击乐器，魏晋时期，西域、阿拉伯乐器和乐舞传入中国，隋唐时期开始从尊崇乐器向歌舞音乐转变，并大量使用和改良源于外族的乐器如笛子、琵琶、胡琴等，代替本土乐器。近代音乐则是以曲艺、戏曲的高速发展为标志。

中国传统音乐使用五声音阶，即宫、商、角、徵、羽，相当于现代音乐的"do、re、mi、sol、la"。五声音阶也被称为"中国音阶"，还流传到亚洲、欧洲、美洲、非洲等地区。中国古代传统乐器有琵琶、二胡、箫、笛等，中国古代著名乐曲有《高山流水》《春江花月夜》《十面埋伏》等。

与西方古典音乐相比，中国传统音乐以线条为主，注重气息，而西方古典音乐讲究和声、注重节奏；西方人喜欢交响乐，台上的乐手和乐器很多，中国传统音乐有合奏，但更多的是独奏；西方古典音乐有理论，有规范，有大量的文字和音响文献，易于流传；而中国传统音乐，没有一套完备的理论与法则，较易失传。

当代中国音乐发展迅速，现已成为世界流行音乐中不可低估的力量。随着西方现代音乐的引入，许多中国人在国际钢琴、小提琴、美声歌唱、歌剧演唱比赛中获奖。中国还发展出各种流派的摇滚乐队，每年各地举办数以百计的音乐节。藏族、蒙古族等少数民族音乐也越来越广为人知。

三、绘画

中国的传统绘画是国画，用毛笔蘸水墨在布或纸上画画。重视笔墨的运用和点线结构，在世界美术领域中非常独特。中国画主要内容有人物、山水、花鸟，技法分为工笔和写意。中国画的构图不受时间、空间的限制，也不遵循焦点透视原则，而采用可移动的散点透视法，构图灵活自由，画中的对象可以随意放置，画面大多留有空白。画、诗、书、印完美结合，具有丰富而独特的形式美。

国画和西方绘画有许多不同，中国画重神似不重形似，重视意境不重视场景。强调观察总结，不强调现场临摹。现代国画也开始吸收西方绘画的技巧，如利用明暗光影，把握立体解剖等，也有画家将国画的意境用于油画创作上。

《清明上河图》 （宋）张择端

《洛神赋图》 （东晋）顾恺之

《百骏图》(意大利)郎世宁①

四、戏曲

中国的戏曲与希腊悲剧和喜剧、印度梵剧并称为世界三大古老的戏剧文化。中国戏曲起源于原始歌舞，是一种历史悠久的综合舞台艺术形式，直到宋朝才形成比较完整的戏曲艺术。它包含文学、音乐、舞蹈、美术、武术、杂技和表演艺术等，将众多艺术形式融合在一起，达到和谐统一。经过长期的发展演变，中国戏曲多达三百六十多个种类，剧目数以万计，其中最著名的有京剧、越剧、黄梅戏、评剧、豫剧五大核心剧种。

京剧是中国国剧，它剧目最丰富、表演最精细、观众最普遍、影响最大。它在文学、表演、音乐、舞台美术等各个方面都有一套规范化的艺术表现形式。以京剧表演艺术家梅兰芳命名的京剧表演体系被视为东方戏剧表演体系的代表，为世界三大表演体系之一。

京剧《杨门女将》

黄梅戏《天仙配》

五、皮影戏

皮影戏，又称"影子戏"或"灯影戏"，是一种以兽皮或纸板做成的人物剪影以表演故事的民间戏剧。它起源于西汉时期的陕西，距今已有一千多年的历史。表演皮影戏时，演员在白色幕布后面，一边操纵皮影，一边用当地流行的曲调讲述故事，同时配以乐器伴奏，有浓厚的乡土气息。

皮影戏是世界上最早由人配音的活动影画艺术，有人认为皮影戏是现代"电影始祖"。它所用的幕影演出以及表演手段，对电影的发明和现代动画片的发展有重要作用。歌德

---

① 郎世宁：郎世宁(Giuseppe Castiglione，1688-1766)，天主教耶稣会修士、画家，意大利米兰人。1715 年来中国传教，随即入清朝皇宫任画家，在中国从事绘画 50 多年，为清代宫廷十大画家之一。他擅长画马，并将西方绘画手法与传统中国笔墨相融合，创造了一种前所未有的新画法。

（Goethe）、卓别林（Chaplin）等很多世界名人，对中国的皮影戏艺术都曾给予高度的评价。2011年联合国教科文组织把中国皮影戏列入"人类非物质文化遗产代表作名录"。

皮影戏

六、建筑

中国建筑、欧洲建筑、伊斯兰建筑被认为是世界三大建筑体系。中国传统建筑主要包括城市、宫殿、石窟、园林、景观楼阁、民居、桥梁等。其中以宫殿和都城的规划和建设成就最高，突出了皇权至上的特点，如北京故宫就是世界上现存规模最大、保存最为完整的木质古建筑。而欧洲、伊斯兰或古印度建筑则以神庙、教堂和清真寺等宗教建筑成就更高。中国建筑特别重视建筑群的组合，建筑群常采取中线对称的构图方式，而世界其他建筑体系突出建筑个体。中国建筑以木结构为主，而世界其他建筑体系都以砖石结构为主。

中国的园林，融合了建筑、雕刻、书画、文学等艺术于一体，在世界园林史上独具特色。明清时期，意大利旅行家马可·波罗（Marco Polo）就把杭州的园林誉为"世界上最美丽华贵之城"。从此中国的园林艺术，为欧洲所知，并对欧洲的园林设计产生了深远影响。如始建于1730年的英国皇家植物园，就模仿了中国园林的自然式布局，并大量仿造了中国式的宝塔和桥等。

当代中国，引进了西方现代建筑理念和经验，进行了大量的基础设施建设，中国的建筑越发现代化，位于上海的东方明珠塔、北京的鸟巢体育馆、湖北的三峡大坝在国际上都享有盛名。

七、泥塑

泥塑是中国古老的民间艺术，它以泥土为原料，用手捏成人物或动物等精美小巧的工艺品。泥塑的功用可分为宗教和民俗两种。前者供奉在佛寺道观，后者多为民间摆设和儿童玩具。中国泥塑艺术最著名的有敦煌石窟①彩塑、天津"泥人张"等。泥塑艺术贴近于人们的生活，具有强烈的视觉效果，深受民众喜爱。

中国泥塑也已走出国门，成为中外文化交流的使者。美国前总统克林顿就观看了泥塑

---

① 敦煌石窟：dūnhuángshíkū（Mogao Caves）一般指莫高窟，俗称千佛洞，坐落在河西走廊西端的敦煌。它始建于前秦宣昭帝苻坚时期，后历经北朝、隋朝、唐朝、五代十国、西夏、元朝等历代的兴建，形成巨大的规模，有洞窟735个，壁画4.5万平方米、泥质彩塑2415尊，是世界上现存规模最大、内容最丰富的佛教艺术地。

表演。世界儿童组织负责人称赞泥塑是为孩子们制作的最好礼物。

泥塑艺术

八、编织

编织在中国历史悠久，一千多年前的辽代就有了精美的编织品。编织用材多种多样，有草、竹、绳、柳条、金属等。

中国结是中国特有的民间手工编织品，是一种造型独特、绚丽多彩的传统吉祥饰物，代表着团结幸福平安。多用于室内装饰、亲友馈赠。因其外观对称精致，符合中国传统审美观念，所以被称为中国结，在国际上也成为中国文化的代表符号之一。

中国结

竹编制品

九、舞龙舞狮

舞龙舞狮，是中国传统的民间艺术。龙在中国代表吉祥、尊贵、勇猛，更是权力的象征；狮子外形威武，神态多变，动作刚劲。中国人认为龙和狮子是吉祥的动物，相信舞龙舞狮能带来好运，每逢元宵佳节或集会庆典，民间都以舞龙舞狮来助兴。

舞龙舞狮的习俗起源于三国时期，已有一千多年的历史。发展到今天，舞龙舞狮已经成为一种具有观赏性的竞赛运动，是集武术、鼓乐、戏曲于一身的民间艺术形式。

舞龙舞狮

中国倡导艺术的发展要"百花齐放、百家争鸣"，鼓励艺术的不同派别及风格自由发展。中国的传统艺术得到了继承和发展，同时一些新的艺术形式，也在中国蓬勃发展起来。中国的电影艺术多次在国际电影节上获奖；中国的电视艺术也深受世界各地民众的喜爱，已出口到全球 200 多个国家和地区；摄影艺术、声光电等视觉艺术也都获得了长足的发展，在世界艺术中有着重要的地位。

☞重要生词

1.	精华	jīnghuá	quintessence
2.	审美	shěnměi	aesthetics
3.	变迁	biànqiān	vicissitude
4.	独创	dúchuàng	originality
5.	简洁	jiǎnjié	simple
6.	方正	fāngzhèng	square
7.	流畅	liúchàng	fluent
8.	大放异彩	dàfàngyìcǎi	splendor
9.	顶峰	dǐngfēng	pinnacle
10.	涌现	yǒngxiàn	sprung
11.	博大精深	bódàjīngshēn	profound
12.	魅力	mèilì	charm
13.	尊崇	zūnchóng	worship
14.	改良	gǎiliáng	improve
15.	音阶	yīnjiē	scale
16.	失传	shīchuán	lost
17.	低估	dīgū	underestimate

18. 广为人知	guǎngwéirénzhī	be widely known
19. 蘸	zhàn	dipped
20. 焦点	jiāodiǎn	spotlight
21. 透视	tòushì	fluoroscopy
22. 散点	sǎndiǎn	scatter points
23. 印	yìn	seal
24. 神似	shénsì	be alike in spirit
25. 形似	xíngsì	be similar in form or appearance
26. 临摹	línmó	copy
27. 解剖	jiěpōu	dissect
28. 油画	yóuhuà	oil painting
29. 悲剧	bēijù	tragedy
30. 喜剧	xǐjù	comedy
31. 杂技	zájì	acrobatics
32. 幕布	mùbù	curtain
33. 操纵	cāozòng	manipulate
34. 曲调	qǔdiào	tune
35. 伴奏	bànzòu	accompaniment
36. 乡土	xiāngtǔ	native land
37. 配音	pèiyīn	dub
38. 宫殿	gōngdiàn	palace
39. 石窟	shíkū	grotto
40. 园林	yuánlín	gardens
41. 楼阁	lóugé	pavilions
42. 民居	mínjū	residential houses
43. 皇权	huángquán	imperial power
44. 对称	duìchèn	symmetry
45. 雕刻	diāokè	carve
46. 华贵	huáguì	luxurious
47. 宝塔	bǎotǎ	pagoda
48. 现代化	xiàndài huà	modern; modernization
49. 享有盛名	xiǎngyǒushèngmíng	carry the name
50. 泥塑	nísù	clay sculpture
51. 民俗	mínsú	folk custom
52. 摆设	bǎishè	a decoration
53. 编织	biānzhī	weave
54. 绚丽多彩	xuànlìduōcǎi	gorgeous
55. 吉祥	jíxiáng	auspicious

56. 饰物	shìwù	decorations
57. 馈赠	kuìzèng	give as a present
58. 精致	jīngzhì	exquisite
59. 尊贵	zūnguì	respectable
60. 勇猛	yǒngměng	valorous
61. 神态	shéntài	demeanor
62. 刚劲	gāngjìng	vigorous
63. 助兴	zhùxìng	add to the fun
64. 竞赛	jìngsài	contest
65. 武术	wǔshù	kung fu
66. 鼓乐	gǔyuè	drum
67. 蓬勃	péngbó	flourishing

☞专有名词

1. 王羲之	Wáng Xīzhī	Wang Xizhi
2. 颜真卿	Yán Zhēnqīng	Yan Zhenqing
3. 柳公权	Liǔ Gōngquán	Liu Gongquan
4. 怀素	Huái Sù	Huai Su
5. 字帖	zìtiè	copybook for calligraphy
6. 碑文	bēiwén	epitaph
7. 石刻	shíkè	stone inscription
8. 行书体	xíngshūtǐ	Running script body
9. 草书体	cǎoshūtǐ	cursive handwriting
10. 编钟	Biānzhōng	Bells
11. 笛子	dízi	flute
12. 琵琶	pípá	pipa
13. 胡琴	húqín	huqin
14. 曲艺	qǔyì	quyi, Chinese folk art forms
15. 宫、商、角、徵、羽	gōng、shāng、jué、zhǐ、yǔ	five notes of the ancient Chinese five-tone scale
16. 美洲	Měizhōu	Americas
17. 二胡	èrhú	erhu
18. 箫	xiāo	xiao
19.《高山流水》	Gāoshānliúshuǐ	Alpine flowing water
20.《春江花月夜》	Chūnjiānghuāyuèyè	Spring River Flowers and Moon Night
21.《十面埋伏》	Shímiànmáifú	Ambush on ten sides
22. 和声	héshēng	harmony
23. 交响乐	jiāoxiǎngyuè	symphony

24.	小提琴	xiǎotíqín	violin
25.	美声	měishēng	bel canto
26.	摇滚	yáogǔn	Rock
27.	藏族	Zàngzú	Tibetan
28.	工笔	gōngbǐ	traditional Chinese realistic painting
29.	写意	xiěyì	freehand brushwork in traditional Chinese painting
30.	希腊	Xīlà	Greece
31.	印度	Yìndù	India
32.	梵剧	fànjù	Sanskrit drama
33.	京剧	Jīngjù	Beijing Opera
34.	越剧	Yuèjù	Yue Opera
35.	黄梅戏	Huángméixì	Huangmei Opera
36.	评剧	Píngjù	a local opera of north and northeast China
37.	豫剧	Yùjù	Henan Opera
38.	梅兰芳	Méi Lánfāng	Mei Lanfang
39.	皮影戏	Píyǐngxì	shadow play
40.	歌德	Gēdé	Goethe
41.	卓别林	Zhuōbiélín	Chaplin
42.	联合国教科文组织	Liánhéguó Jiàokēwén Zǔzhī	United Nations Education Scientific and Cultural
43.	人类非物质文化遗产代表作名录	rénlèi fēiwùzhì wénhuà yíchǎn dàibiǎozuò mínglù	Masterpieces of the Oral and Intangible Heritage of Humanity
44.	意大利	Yìdàlì	Italy
45.	马可·波罗	Mǎkě Bōluó	Marco Polo
46.	英国皇家植物园	Yīngguó huángjiā zhíwùyuán	Royal Botanic Garden
47.	东方明珠塔	Dōngfāngmíngzhū tǎ	Oriental Pearl TV Tower
48.	鸟巢体育馆	Niǎocháo tǐyùguǎn	The bird's Nest stadium
49.	泥人张	Nírén Zhāng	Clay Figurine Zhang
50.	克林顿	Kèlíndùn	Clinton

☞综合注释

一、藏族、蒙古族等少数民族音乐也越来越广为人知。

"越来越……"的意思是：随着时间/程度的变化，事物发生变化，我们可以用"越来越……"来形容这种变化。基本结构为：越来越+形容词 adj.＋了。例如：

1. 天气越来越热了。

2. 速度越来越快了。

3. 考试越来越近，姐姐的复习越来越紧张了。

◆ 练一练：用"越来越……"改写下列句子。

(1)小明变黑了。_____。

(2)天变冷了。_____。

(3)收入变少了。_____。

二、联合国教科文组织把中国皮影戏列入"人类非物质文化遗产代表作名录"。

把……列入 X，表示把某物加入 X 中。例如：

1. 我们不能随便把一个人列入坏人的行列。

2. 他们把这类昆虫列入甲虫类。

◆ 练一练：完成下列句子。

(1)千万不要把_____列入你的阅读书目中。

(2)国家把_____列入化妆品"黑名单"中。

三、中国的园林，融合了建筑、雕刻、书画、文学等艺术于一体。

融合……于一体，表示几种事物合成一个整体。例如：

1. 中国戏曲融合音乐、文学、武术、杂技于一体。

2. 中国传统绘画融合画、诗、书、印于一体，具有丰富而独特的形式美。

◆ 练一练：完成下列句子。

(1)中国菜注重融合_____于一体。

(2)歌剧是融合_____于一体的综合性艺术。

☞综合练习

一、在括号里补全生词或拼音

(1)根据生词写拼音。

萌芽(   ) 独创(   ) 雕刻(   ) 流畅(   )

顶峰(   ) 解剖(   ) 操纵(   ) 馈赠(   )

(2)根据拼音写词语。

bēi wén	gōng diàn	lín mó	pí pá
( )	( )	( )	( )

bó dà jīng shēn	hé xié tǒng yī
( )	( )

dú jù tè sè	xuàn lì duō cǎi
( )	( )

二、用括号里的词语完成句子。

(1)_____，人们的生活方式发生了巨大的变化。(变迁)

(2)中国的艺术体系庞大，_____。(涵盖)

(3)总经理经过考虑之后，_____。(采纳)

(4)_____，以维护社会秩序。(遵循)

(5)一些新的艺术形式，_____。(蓬勃)

三、根据课文内容判断正误。

(1)中国画的主要内容有人物、山水和花鸟。(　　)

(2)中国五大核心剧种是京剧、越剧、川剧、豫剧和黄梅戏。(　　)

(3)2001年联合国教科文组织把中国皮影戏列入"人类非物质文化遗产 代表作名录"。(　　)

(4)中国的宫殿和都城的规划和建设突出了皇权至上的特点。(　　)

(5)皮影戏是世界上最早由人配音的活动影画艺术。(　　)

四、根据课文内容回答问题。

(1)中国书法的五种主要书体是什么？

(2)中国传统音乐和西方古典音乐有什么区别？

(3)请列举一些融入了西方现代建筑理念和经验的中国建筑。

五、写作。

在日常生活中，你有没有看见过或者参与过某些中国传统艺术形式，请结合自身经历，选取一种艺术形式，谈一谈你的体会和感受。

☞**拓展阅读**

文房四宝和书画同源

一、文房四宝

文房四宝指的是笔、墨、纸、砚。文房指文人书房，因为笔、墨、纸、砚为文房所使用，所以被称为"文房四宝"。

中国古代书写工具主要是毛笔。最早的毛笔已有二千多年。浙江湖州生产的毛笔具有

"圆、健、尖、齐"的特点，被称为湖笔，是中国最著名的毛笔品种。

墨是古代书写中必不可缺的用品。产于古徽州府的徽墨是中国制墨技艺的代表，其特点是重量轻巧、质地坚硬、颜色漆黑清亮、味道馨香。

纸是古代文化传播的主要载体，产于古宣州的宣纸是中国古代传统造纸的代表。宣纸细腻轻薄、洁白坚韧、耐老化、寿命长、不变色。

砚(砚台)，是写毛笔字磨墨用的文具，被古人誉为"文房四宝之首"。产于古歙州的歙砚是中国古代制砚的代表。歙砚所用石材非常坚韧，磨墨时出墨快，蘸墨时不损笔锋、墨水长时间不干枯、容易清洗干净。

文房四宝具有极强的实用价值，也是融绘画、书法、雕刻、装饰等为一体的艺术品。

二、书法

书法是中国的传统艺术。中国的甲骨文在笔法上就有了粗细、轻重、疾徐的变化。隶书汉字更加简化方正，笔法上突破了单一的中锋运笔，为以后各种书体流派奠定了基础。东汉开创了草书，标志着书法开始成为一种表现书法家个性的艺术。

晋朝书法家王羲之，被称为"书圣"。他的《兰亭序》被誉为"天下第一行书"。王羲之的《快雪时晴帖》、王献之的《中秋帖》、王珣的《伯远帖》代表了中国书法艺术的最高水平，被后人统称为"三希帖"。隋朝完成了楷书的形式，在中国书法史上承先启后。唐代文化达到了中国封建文化的最高峰，唐代书法作品流传下来的比以前的任何朝代都多。唐代的楷书、行书、草书对后代的影响远远超过了以前任何一个朝代。元朝书法的核心人物是赵孟頫，他所创立的楷书"赵体"与唐朝欧体(欧阳修)、颜体(颜真卿)、柳体(柳公权)并称"四体"，成为后代临摹的主要书体。

三、书画同源

图画与文字拥有相同的起源，都是中国先祖们记事的工具。在甲骨文中有大量的象形字，描摹自然事物本身的形态，既是图画，也是文字。这些图案化的符号逐渐简化为由线条构成的文字，从而产生了书法艺术。

中国绘画与书法在使用工具上始终保持一致。远古时期的岩洞壁画使用石头等尖锐物品刻画在石壁上，后来的甲骨文刻在龟甲兽骨上，这些原始材料相同，及至绢布和纸张上写字作画，使用笔墨纸砚文房四宝，绘画和书法的工具始终都是一样的。

中国绘画与书法在表现形式上，尤其是在笔墨运用上也具有共同规律。写书法的用笔技巧也是画中国画的用笔技巧，笔墨的用法是中国画和书法的精髓，笔立形质，墨分阴阳。在用笔方面，都讲究轻重缓急、粗细曲直、虚实藏露等；用墨方面，都讲究墨的浓、淡、干、湿，并善于用水调和。无论书还是画，在运笔、笔势和墨迹上都异曲同工，如出一辙，中国画带上了书法的点线美，书法也显示出中国画的墨迹感。

中国文人书画不分家，画家的"十分功夫"须得"四分读书，三分写字，三分画画"，书法功底让画的线条有质量，让画作有气象。绘画的功底又让书法更有神韵和灵性。文人们常在舞文弄墨之余作画，在画上题诗或题字，使诗、书、画融合成一个艺术整体，这就是中国画的一个突出的特点。甚至有人通过题字题诗、印章来鉴别画作，好的画作和书法作品会被历代的爱好者收藏，有的会在原来的画作上继续题字题诗和盖印章，这也使得书画作品流传久远，更具收藏价值。

◎ **思考：**

(1)结合文章内容，谈一谈"文房四宝"与中华文明有什么关系？

(2)中国传统的绘画和书法有哪些相同之处？

第十章 中国的外交

☞**知识导读**

　　中国数千年的历史也是一部中国外交的发展史，其间涌现出了许多优秀的外交人物，进行了广泛的外交实践，产生了丰富而又独特的外交思想。这既是中华民族智慧、谋略的结晶，又是一份极具价值的历史文化遗产。

☞**课文精读**

　　从夏商周开始，一直到中国最后一个王朝清朝，中国外交史从未中断。中国古代王朝的外交活动（包括和平交往与对外战争）不仅奠定了历代中国的疆土，保卫和发展了中华文明，也影响了世界文明。

　　中国古代的外交可以分为三个方面：一是中华大地各诸侯国之间的外交；二是中原王朝与周边少数民族政权之间的交往；三是中国与其他国家之间的外交。古代中国对外关系可分为四个阶段，即先秦时期、秦汉到魏晋南北朝时期、隋唐宋元时期、明清时期。

　　先秦时期中华大地诸侯众多，各诸侯国为了维护自身利益，外交活动频繁，形成了比较成熟的外交思想，并且确定了一定的外交制度和规范：一是结盟，两国或多国举行结盟仪式，订立正式盟约。二是出访，一国派大臣访问另一国，进行庆祝、吊唁、谈判、友好往来等外交活动。三是确定外交规范，礼尚往来。四是游说家和纵横家的大量涌现，他们可以说中国最早的外交家。这一时期，中国与周边一些地区（如朝鲜半岛、日本列岛等）已有少量联系，但主要是间接的、偶然的。

　　秦汉至魏晋南北朝时期，中国古代对外交往的格局才基本形成。秦朝结束了诸侯混战的局面，建立起中国历史上第一个统一的中央集权的封建国家。这一时期的外交主要体现在秦朝同其他少数民族的关系上，对南方地区的开发和融合加强，与西部的贸易和交流日益频繁，北方边境战争不断。在对外关系上，也和别的国家开始交往，秦始皇就派人东渡日本，寻找长生不老药，开启了中日文化交流的历史。汉朝开通了到欧洲和非洲的丝绸之路和"海上丝绸之路"，大大促进了东西方的文化和商业往来，也扩大了外交范围，开始走向世界。魏晋南北朝是一个分裂的时期，各民族交往交流较多，所以也是历史上一个重要的民族大融合时期。

　　隋唐宋元时期，中国经济发达，国力强盛，是统一多民族的大融合时代。唐朝为加强对边疆地区的管理，在今新疆地区设立了最高行政、军事机构安西都护府和北庭都护府。

唐朝对藏族的祖先吐蕃人采取联姻政策，唐太宗将文成公主①嫁给吐蕃君主松赞干布，加强了唐朝和吐蕃的经济文化交流，密切了汉藏民族关系。唐朝对很多少数民族采取册封政策，在西部地区封维吾尔人的祖先回纥的首领为怀仁可汗；在云南地区封彝族和白族的首领为云南王。宋元时期定居中国的波斯人、阿拉伯人，信仰伊斯兰教，同汉、蒙古、维吾尔族融合成为新民族——回族。元朝时期中国境内大规模的人口流动，促进了各民族经济、文化的发展与融合。

隋唐宋元时期的对外经济文化交流远远超过之前的各个朝代。在陆路方面，从长安出发，向东可到达今天的朝鲜；向西经陆上"丝绸之路"，可以通往今天的印度、伊朗、沙特阿拉伯以及欧洲、非洲许多国家。在海路方面，从扬州出发，可到达今天韩国、日本；从广州出发，经海上"丝绸之路"，可到达波斯湾。唐朝鼓励外商来中国贸易，允许他们长期在中国居住、做官，和中国人通婚。长安、洛阳聚集了各国使节、商人，成为国际大都会。

隋朝时期，日本已经有遣隋使来到中国。到唐朝时，日本来华的遣唐使有十几批。唐朝也派了很多使者和僧人去日本，其中最有名的是高僧鉴真。他到日本传授佛学。他精心设计的唐招提寺，至今被日本视为艺术明珠。

唐朝和天竺(古印度)交往中，最杰出的使者是玄奘。贞观初年，玄奘从长安出发，前往天竺，在天竺佛教中心那烂陀寺学习。玄奘往返十七年，旅程五万里，带了六百多部佛经回到长安，并写成《大唐西域记》，这部书成为中亚、印度半岛以及中国新疆地区历史和佛学的重要典籍。

隋唐宋元时期还和中亚、西亚、欧洲的交往密切，中亚各国经常遣使前来，带来名马、名药等物产。隋朝和波斯已互派使节；唐朝时波斯遭到大食的攻击，波斯王及儿子先后来唐求援。许多波斯商人在中国开设"波斯店"。唐朝时，中国造纸术传到大食，大食与中国互派使节，持续了一百多年。唐朝和东罗马也有使节往来，东罗马的医术、杂技传入中国，中国的丝绸、瓷器大量运往欧洲。

明朝和清朝是中国历史上最后两个大一统王朝，统一的多民族国家得到巩固，明朝的中外交往也空前繁荣。明朝制定了友好的外交政策和优惠的外贸政策。在这种背景下，大量的外交使节出使，如七次下西洋的郑和等，他们为明朝的外交做出了巨大的贡献。同时明朝也欢迎各国前来贸易。明朝中后期葡萄牙国王派出一支使团来到中国，希望与明政府建交。中国皇帝同意葡萄牙人在澳门开设商店，修建洋房，并允许他们每年来广州过冬。

明朝确立了朝贡制度，在这个体制中，中国政权成为中心，各朝贡国承认这一中心地位，他们是中国政权的附属，必须向中国进贡。明确规定了把朝鲜、日本、琉球、真腊国、暹罗国、苏门答腊等 15 国作为不征之国，只要这些国家不主动挑起战争并向明朝进贡，明朝政府就不会攻打他们。后来这种朝贡体系成为东方国家间通行的国际关系

---

①　文成公主：(625—680)：吐蕃赞普松赞干布的王后，汉名无记载，文成公主知书达理，不避艰险，远嫁吐蕃，为促进唐蕃间经济文化的交流，增进汉藏两族人民亲密、友好、合作的关系，做出了历史性的贡献。

体制。

清朝初期国力强盛，打败了侵占中国领土的俄国。世界各国纷纷前来与清朝建立外交关系，到乾隆时与清建交的国家已多达 44 个。清朝后期，中外贸易往来频繁，国内矛盾不断激化，清朝统治者担心外国人和老百姓会联合起来造反，于是实行闭关自守，限制外贸。为了打开中国市场，英国和西方多国对中国发动了鸦片战争，清政府战败，被迫签订了一系列不平等条约，其中危害中国最大的有《南京条约》《天津条约》《马关条约》等，中国开始向外国割地、赔款，中国主权丧失，开始沦为半殖民地半封建社会，中国的外交也在清朝后期走向衰落。

新中国成立之后，坚持独立自主的和平外交政策，坚持走和平发展道路、奉行互利共赢的开放战略，愿意在互相尊重领土主权、互不侵犯、互不干涉内政、平等互利、和平共处的五项原则的基础上同所有国家建立和发展友好合作关系，推动建设持久和平、共同繁荣的和谐世界。

新中国的外交可以分为三个阶段：

新中国成立之后的 30 年，世界由美国和苏联两个超级大国主导，世界分为资本主义和社会主义两大阵营。因此，如何坚持社会主义阵线，维护新中国独立自主的外交，成为这一时期外交政策的主要宗旨。同时团结第三世界国家，建立了广泛的国际统一战线，成功打破外交困境。中国反对大国霸权，提出"和平共处五项原则"，为不同类型国家之间的外交提供了方案。到 20 世纪 70 年代末，中国同世界 120 多个国家建交，包括美国、日本、加拿大等资本主义国家，以及大多数欧洲国家和大洋洲国家，同时恢复了在联合国的合法席位。中国逐渐成为第三世界、甚至国际社会的重要力量。

70 年代末之后的 30 多年里(1978—2013)，美苏两极格局逐渐衰退并最终解体，世界格局最终变成多极化。寻求和平的发展环境来实现四个现代化，是这一时期中国外交的中心思想。中国以经济建设为中心，外交上不同任何大国结盟，在相互尊重、和平共处的基础上同世界各国发展友好关系。中国展开全方位外交，中国在国际舞台上更加活跃，2001年加入世界贸易组织，2008 年成功申办第 29 届奥运会，倡导和参与东盟、八国集团峰会，作为联合国安理会常任理事国积极参与国际事务，中国成功从大国外交转向强国外交。

21 世纪以来，国际形势变化很大，中国以大国身份更多地参与世界事务，更积极地引领构建世界新格局和新秩序。这一时期，中国全面推进特色大国外交，倡导构建人类命运共同体，形成了全方位、多层次、立体化的外交格局。中国在坚持走和平发展道路的基础上积极发展全球伙伴关系，推动建设相互尊重、公平正义、合作共赢的新型国际关系。中国坚持对外开放，积极推进"一带一路"建设，举办亚太经合组织领导人非正式会议、二十国集团领导人杭州峰会、金砖国家领导人厦门会晤等国际会谈，加大对发展中国家的援助，推动建设开放型世界经济。中国致力于建设持久和平、普遍安全、共同繁荣、开放包容、清洁美丽的世界。中国在世界上树立起负责任的强国形象。

新中国外交经历了三个大的发展阶段，中国外交始终以国家和人民利益为核心、根据国际格局的变化，结合自身的实际情况，以和平共处合作共赢为原则，力求建立广泛的国际统一战线、塑造合理的世界秩序。

☞**重要生词**

1.	外交	wàijiāo	diplomacy
2.	谋略	móulüè	strategy
3.	结晶	jiéjīng	crystallization
4.	疆土	jiāngtǔ	territory
5.	结盟	jiéméng	ally
6.	出访	chūfǎng	visit
7.	吊唁	diàoyàn	condole
8.	谈判	tánpàn	negotiation
9.	礼尚往来	lǐshàngwǎng lái	pay somebody back in the same coin
10.	游说家	yóushuì jiā	Lobbyist
11.	纵横家	zònghéng jiā	Political Strategists
12.	长生不老	chángshēngbù lǎo	live forever
13.	联姻	liányīn	marriage
14.	册封	cèfēng	canonized
15.	鼓励	gǔlì	encourage
16.	使节	shǐjié	envoy
17.	优惠	yōuhuì	preferential
18.	附属	fùshǔ	subsidiary
19.	闭关自守	bìguānzìshǒu	shut down
20.	赔款	péikuǎn	reparations
21.	共赢	gòngyíng	all-win
22.	主权	zhǔquán	sovereignty
23.	侵犯	qīnfàn	infringe
24.	干涉	gānshè	interfere
25.	内政	nèizhèng	interior
26.	阵营	zhènyíng	camp
27.	霸权	bàquán	hegemony
28.	解体	jiětǐ	disintegrate
29.	多极化	duōjíhuà	multipolar
30.	构建	gòujiàn	construct
31.	立体化	lìtǐhuà	Three-dimensional，systematical
32.	正义	zhèngyì	justice
33.	会晤	huìwù	meeting
34.	援助	yuánzhù	aid
35.	塑造	sùzào	mold

☞**专有名词**

1. 诸侯国	zhūhóuguó	Vassal states
2. 安西都护府	Ānxī dūhùfǔ	Anseido Frontier Province
3. 北庭都护府	Běitíng dūhùfǔ	Beiting Capital Frontier Guard
4. 回纥	Huíhé	Reply
5. 可汗	Kèhán	khan
6. 彝族	Yízú	Yi nationality
7. 白族	Báizú	Bai nationality
8. 维吾尔族	Wéiwúěrzú	Uyghur
9. 伊朗	Yīlǎng	Iran
10. 沙特阿拉伯	Shātèālābó	Saudi Arabia
11. 遣隋使	QiǎnSuíshǐ	Envoys to Sui Dynasty
12. 鉴真	Jiànzhēn	Authenticity
13. 唐提招寺	Táng Tízhāosì	Tōshōdai Temple
14. 天竺	Tiānzhú	Tianzhu
15. 玄奘	Xuánzàng	Xuanzang
16. 那烂陀寺	Nàlàntuó sì	Nalanduo Temple
17. 《大唐西域记》	*DàTáng Xīyù jì*	*Tang Dynasty Western Regions*
18. 大食	Dàshí	Seljuks
19. 东罗马	Dōng Luómǎ	Eastern Rome
20. 葡萄牙	Pútáoyá	Portugal
21. 朝贡制度	cháogòng zhìdù	Tributary system
22. 琉球	Liúqiú	Ryukyu
23. 真腊国	Zhēnlà guó	Zhenla Kingdom
24. 暹罗国	Xiānluó guó	Siam Kingdom
25. 苏门答腊	Sūméndálà	Sumatra
26. 俄国	É.guó	Russia
27. 《南京条约》	*Nánjīng tiáoyuē*	*Treaty of Nanjing*
28. 《天津条约》	*Tiānjǐn tiáoyuē*	*Tianjin Treaty*
29. 《马关条约》	*Mǎguān tiáoyuē*	*Treaty of Shimonoseki*
30. 苏联	Sūlián	USSR
31. 资本主义	zīběn zhǔyì	capitalism
32. 和平共处五项原则	hépíng gòngchǔ wǔxiàng yuánzé	Peaceful coexistence
33. 世界贸易组织	shìjiè màoyì zǔzhī	World Trade Organization
34. 奥运会	Àoyùnhuì	Olympic games
35. 东盟	Dōngméng	Asean

36. 八国集团峰会	bāguó jítuán fēnghuì	G8 Summit
37. 联合国安理会常任理事国	Liánhéguó ānlǐhuì chángrèn lǐshìguó	Permanent member of the United Nations Security Council
38. 命运共同体	mìngyùn gòngtóngtǐ	A community of destiny
39. 亚太经合组织	Yàtài jīnghé zǔzhī	APEC
40. 金砖国家	Jīnzhuān guójiā	BRICS

☞综合注释

1. 古代中国对外关系可分为四个阶段，即先秦时期、秦汉到魏晋南北朝时期、隋唐宋元时期、明清时期。

"即"的意思是"就是"，表示对前面的话进行解释、说明。例如：

(1)莲花即荷花。

(2)教师主导作用的核心是启发学生，即循循善诱。

◆ 练一练：用"即"改写下面的句子。

(1)在一个群体中，不遵守规则的人就是害群之马。

_____。

(2)时间就是生命，知识就是力量。

_____。

2. 中国主权丧失，开始沦为半殖民地半封建社会。

"沦为"的意思是没落、陷入不利的境地。例如：

(1)很多农民丧失了土地和财产，沦为奴隶。

(2)小区车位有限，人行道也沦为停车场。

◆ 练一练：完成下列句子。

(1)中国古代妇女经济不独立，沦为_____。

(2)这座高大的楼房年久失修，轰然倒塌，沦为_____。

☞综合练习

一、选择合适的词语填空。

奠定　　确定　　规定　　判定　　评定

(1)他的这篇著作为他成为著名的作家之一_____了基础。

(2)今天的班会_____了三好学生的名单。

(3)我们班百分之九十的同学达到了国家_____的体育锻炼标准。

(4)从一个人的言行举止，就可以_____人格的高低。

(5)这家公司被_____为今年年度的优良厂商。

二、用所给的词语造句。

(1)谋略：

(2)结晶：

(3)共赢：

(4) 会晤：

(5) 礼尚往来：

(6) 长生不老：

三、用括号里的词语完成句子。

(1) 中国人民成功推翻了三座大山，_____。（领导）

(2) 这次地震损失惨重，_____。（援助）

(3) 中国的对外政策是独立自主的，_____。（结盟）

(4) 江南水乡自古就是膏腴之地，_____。（繁荣）

(5) 任何国家都不应该_____。（干涉）

四、根据课文内容，回答问题。

(1) 中国古代外交有哪些重要的人物？举例并且分别阐述他们的贡献。

(2) 隋唐时期采取了哪些方式来处理外交关系？

五、写作。

21 世纪以来，中国国家综合实力不断提高，国际地位更为显著。中国全面推进特色大国外交，倡导构建人类命运共同体。请查阅相关资料与文献，谈一谈你对"人类命运共同体"的理解与看法。

☞**拓展阅读**

中国古代的外交家

在中国古代历史中，涌现了一批又一批出色的外交人才，他们拥有着过人的智慧，机智的头脑，犀利的言辞，为了国家的利益在外东奔西走，谱写辉煌，最终在史书上留下属于自己浓墨重彩的一笔。

一、西汉外交家张骞

楚汉争霸时期，北边悄然崛起的匈奴人建立起了统一的奴隶主政权以及不容小觑的军事力量。在西汉初期，匈奴单于更是占领了西域地区，并以西域地区为军事据点，时不时地就来中原地区烧杀抢掠一番，让大汉边境百姓苦不堪言。等到汉武帝准备以武力解决匈奴威胁的时候，听闻大月氏有报匈奴世仇之意，便决定沟通与西域的联系，希望能联合大月氏一起夹攻匈奴。于是汉武帝下令让张骞去联络大月氏，张骞就这样开始了他的第一次出使西域之行。张骞的第一次出使西域并不顺利，还没正式进入西域地区就被匈奴人擒获，并被软禁十年之久。后趁匈奴人不备才得以逃脱，然后继续西行寻找大月氏，结果经历一番波折之后，张骞等人才知道此时的大月氏早就被赶往更西的地带。张骞只得继续西进，经历了重重险阻之后，张骞一行人终于找到了大月氏，并向大月氏提出了和汉朝一起夹击匈奴的军事联合。结果大月氏却一口拒绝，因为此时大月氏占领的地方土地肥沃，物产丰富，加上又远离匈奴人的地盘，他们很满足于现在的生活，一点也不想再去招惹凶残的匈奴人。虽然说此次张骞没有达到和大月氏联合攻匈奴的目的，可是张骞此行对大汉来说却是影响深远。他不但开辟出了日后的丝绸之路，加深了西域和大汉的交流联系（可以说此行为日后大汉将西域纳入统治奠定了基础），更是让中国文化第一次和西方文明有了接触，促进了东西方文化、经济的交流和发展，为中国汉朝昌盛和后世的对外开放奠定了坚实的基础。张骞也被后人誉为第一个睁开眼睛看世界的中国人。

二、唐朝外交家玄奘法师

玄奘法师是唐代著名高僧，是汉传佛教唯识宗创始人，被尊称为"三藏法师"，后世俗称"唐僧"。他是汉传佛教史上最伟大的译经师之一，与鸠摩罗什、真谛并称为中国佛教三大翻译家。为深入学习佛教知识，玄奘于贞观三年经凉州出玉门关西行五万里前往印度，在印度佛教中心那烂陀寺，拜戒贤法师为师。后又游学天竺各地，前后十七年，遍学了当时大小乘各种学说，并与一些学者展开辩论，名震五竺（东、西、南、北、中天竺）。公元645年玄奘归来，长期从事翻译佛经的工作，玄奘及其弟子翻译出佛典75部，1335卷。玄奘将他西游亲身经历的110个国家及传闻的28个国家的山川、地邑、物产、习俗编写成《大唐西域记》十二卷。名著《西游记》即以玄奘取经事迹为原型。玄奘西行是佛教传播史上最伟大的篇章，玄奘被世界人民誉为中外文化交流的杰出使者，因其爱国及护持佛法的精神和巨大贡献，被鲁迅誉为"中华民族的脊梁"，世界和平的使者。

三、明朝外交家郑和

郑和又称"三保太监"，是明朝的太监，也是著名的航海家、外交家。郑和年轻时从侍燕王朱棣，有智略，知兵习战。后在靖难之役中有功，升任为内官监太监。郑和受命下西洋，公元1405年至1433年间，郑和率领船队开展了七次远航，前往西太平洋和印度洋，拜访了30多个国家和地区，其中包括爪哇、苏门答腊、苏禄、彭亨、真腊、古里、暹罗、榜葛刺、阿丹、天方、左法尔、忽鲁谟斯、木骨都束等地，已知最远到达东非、红海。郑和下西洋是中国古代规模最大、船只和海员最多、时间最久的海上航行，也是15世纪末欧洲的地理大发现的航行以前世界历史上规模最大的一系列洲际航海活动。郑和远航时的船舶建造、天文航海、地文航海、季风运用和航海气象预测方面的技术和航海知识，都处于世界领先地位。《郑和航海图》是世界上现存最早的航海图集，水域涵盖了太平洋西部和印度洋北部，陆地包括亚洲东南部到非洲东部的广大地区。郑和的船队最大的船长148米，宽60米，是当时世界上最大的木帆船。

◎ 思考：

(1)你对哪个中国外交家最感兴趣？为什么？

(2)你们国家历史上有什么著名的外交家，试着介绍一下？

第十一章　中国的经济

☞知识导读

　　在漫长的封建社会时期，世界经济的中心在亚洲，亚洲的中心在中国，中国长期在亚洲和世界经济体系中处于领先地位。13世纪以后，西方资本主义先后进行了两次工业革命，西方国家逐渐兴起，而明清则闭关自守，中国经济逐渐衰落。中华人民共和国成立后，经济迅速发展，现已成为世界第二大经济体。

☞课文精读

　　在中国古代，夏、商、周经济以农业为主，以青铜铸造业为代表的手工业高度发达，被称为"青铜时代"。春秋战国时期，开始使用铁器和牛耕，社会生产力显著提高。到了秦朝，开始有了统一的货币，大大促进了商业的发展。汉朝人口大量增长，货币的铸造水平提高，流通速度加快，奠定了稳定的货币体系基础。丝绸之路的开通，促进了汉朝和亚欧各国的贸易往来。唐朝宋朝国家强盛，经济繁荣。元朝建立起世界上最早的完全的纸币流通制度，是中国历史上第一个完全以纸币作为流通货币的朝代。一直到清朝前期，中国经济都处于世界经济的主导地位。

　　一、社会分工

　　长期以来中国经济处于世界领先地位，这离不开中国古代历朝先进的经济思想，其中最重要的是社会分工思想的萌芽和发展。

　　人类社会早期的经济发展都与社会分工有关，第一次社会大分工是畜牧业从农业中的分离，第二次社会大分工是手工业与农业的分离，第三次社会大分工是商业从农业中分离，出现专门的商业阶层。社会化大分工带来了劳动效率的大幅提升，极大地促进了社会经济的发展，这是中国早期文明领先于世界的重要原因之一。中国的社会分工比欧洲早了至少一千年，主要的传统生产技术也比欧洲早八百年至一千年。

　　把社会各阶层按职业来划分和管理，是春秋时期的管仲首次提出，他将国民分为军士、农民、工匠、商人，并按照各自的职业聚居在固定的地区。这样让同一行业的人聚居在一起，易于交流经验、提高技术，能够促进商品生产和流通。士、农、工、商，是对平民职业的划分，当时并没有尊卑之分。但到科举制度产生以后，读书人的地位越来越高，有文化的官吏和读书人替代了军士，成为"士农工商"的最重要的职业，以体现统治阶级的特权和地位，地主农民则紧随其后，体现出统治者对于农业的高度重视。工匠在古代并不受重视，所以还要排在农民的后面。商人只能排在最末。"士农工商"这种社会等级观念在中国影响了数千年。

二、经济制度

中国古代社会经济发展水平，还与完备的经济制度、税收制度分不开。中国古代长期以农业为主，所以税收制度都是以土地税为主、商税为辅，历史上著名的税收制度如初税亩、租庸调制和一条鞭法等都属于土地税。

（一）初税亩

春秋时期，贵族们拥有越来越多的私有田地，而当时的制度规定私田不用纳税，因此，国家财政收入逐年下降。于是鲁国开始实行按亩征税的制度，即初税亩。初税亩规定：不论公田、私田，一律按耕地的实际亩数收税，收取收成的十分之一。它从法律上肯定了土地的私有，土地私有制由此而生并延续两千多年，使中国从奴隶社会向封建社会迈出了关键的一步。

（二）租庸调制

租庸调制是唐朝实施的税收制度，是按人口向国家交纳粮食、布匹或服役。交纳粮食，叫租，为国家服役或交布匹代替服役叫庸，交纳布匹叫调。这个制度由按田亩收税演变成按人口收税，既容易实施又比较公平，可以持续、稳定地为政府提供财政收入。租庸调制不仅使农民有土地耕种，更让农民生产时间有了保证、更多田地得到耕种，推动了农业的发展；政府的税收有了保障，户籍制度也建立起来，这些都使国家富强起来，是一个利民利国的制度。

（三）一条鞭法

"一条鞭法"是明代的税收及服役制度。中国古代田赋，唐朝以前基本上都是征收实物。明朝时，商品经济的不断发展促进了白银的流通，这为国家推行新的税法奠定了基础。一条鞭法规定，服役可以折算成白银，田地税收除少数地区仍征实物之外，其余也一律征收白银。税收直接由地方官员征收、直接上交。从此，不征收实物，省掉了运送保存的麻烦，白银直接上交国家，免除了各层侵吞的风险，税收办法更加完备先进。一条鞭法标志着税收由实物为主向货币为主、征收种类由繁杂向简单的转变，在中国税收史上是一件划时代的大事。

三、中华老字号

在中国古代经济的发展历程中，涌现出很多历史悠久、信誉良好、世代传承、社会广泛认同的品牌，这些品牌被称为"中华老字号"。这些老字号分布在食品、医药、居民服务等行业，在全国人民、海外华人和国际友人当中广为人知。

（一）北京烤鸭

烤鸭是世界闻名的北京菜，起源于中国南北朝时期，一直到明清时期，都是宫廷食品，后来又从宫廷传到民间，并研制出焖炉和挂炉两种制作方法。焖炉烤鸭以"便宜坊"最著名，挂炉烤鸭以"全聚德"为代表。1864年，"全聚德"烤鸭店挂牌开业，以枣、梨等果木为燃料，用明火，烤出的鸭子外观饱满，外焦里嫩，并带有一股果木的清香，香飘万里。新中国建立后，北京烤鸭更加闻名世界，它不仅是一道美食，同时也是中国传统餐饮文化的一张名片，不仅深受老百姓的喜爱，还经常被端上国宴的餐桌，招待国际友人。

（二）茅台酒

茅台酒是中国的传统特产酒，是与苏格兰威士忌、法国白兰地齐名的世界三大名酒之

全聚德烤鸭

一，已有 800 多年的历史。酿制茅台酒要经过两次下料、九次蒸煮、八次发酵、七次取酒，生产周期长达一年，再存储三年以上，经过调配，然后再存放一年，全部生产过程近五年之久，才能装瓶出厂。

茅台酒也是中国外交的一张名片，它第一次出现在国际舞台是在 1954 年的日内瓦会议上，那是中国首次以五大国之一的地位和身份参加的一次重要会议。在日内瓦会议期间，周恩来总理以茅台酒宴请各国友好人士，其中便有著名喜剧电影大师卓别林，卓别林对茅台酒赞不绝口。茅台酒为中国打开外交大门、树立国际形象作出了贡献。此后，茅台酒曾多次成为党和国家领导人接待外宾的国宴用酒，成为外交之酒和国酒。茅台酒在中国政治、外交、经济生活中发挥了非常重要的作用。

（三）十三行

中国经济发展史上不能不提外贸经济，古代外贸经济领域最著名的是广东十三行。清朝康熙年间，实行开海通商政策，后来又实行闭关锁国政策，1757 年，清朝决定仅保留广东的粤海关作为对外通商的口岸。政府允许十三家较有实力的商行代理海外贸易业务，称为"十三行"。他们开通了通往欧洲、美洲、南亚、东洋和大洋洲的环球贸易航线，几乎所有亚洲、欧洲、美洲的主要国家和地区都与十三行发生过直接的贸易关系。十三行向清朝政府提供了 40% 的关税收入。十三行商人与两淮盐商、山陕商人一同，被称为清代中国的三大商人集团，是近代以前中国最富有的商人群体。这个垄断中国外贸近百年的洋货行在 1856 年的一场大火中烧毁，从此消失于商业舞台。

（四）山西票号

在南北朝时期，就有寺庙提供为衣物等动产作抵押的放款业务，这是当铺的起源，也是中国有历史记载的最早的信用机构，是中国金融业的开端。到了清朝，出现了山西票号，也被称为山西银行。票号是一种金融信用机构，主要办理国内外汇兑和存放款业务，是顺应国内外贸易的发展而产生的。中国第一家票号——日昇昌，位于"大清金融第一街"山西平遥的繁华地段，它是中国民族银行业的开端，十九世纪曾操纵整个清王朝的经济命脉。到清朝末年，山西票号已达 33 家，中国的金融汇兑业务基本上被山西票号垄断。

票号的兴起加速了资金流通，促进了商业的繁荣。但随着清朝的灭亡，新成立的民国政府开始设立官方银行，山西票号走向了衰落。

四、现代中国的经济

中华人民共和国成立后，在全国范围内对农业、资本主义工商业和手工业进行社会主义改造，实现了把生产资料私有制转变为社会主义公有制，初步建立了社会主义的基本经济制度。1978年，中国作出了改革开放的重大决策，逐步形成了全方位、多层次的开放格局，国家经济得到飞速发展，人民生活水平得到大幅提高，"改革开放是强国之路"成为人们的共识。2006年，中国全面取消农业税，自此，在中国延续了2000多年的农业税宣告终结，这是中国数千年农业史和经济史上前无古人的创举。中国进入了工业经济时代，拥有41个工业大类，191个中类，525个小类，成为全世界唯一拥有联合国产业分类中全部工业门类的国家，也成为世界第一大工业国。

改革开放试验田　深圳特区

2001年，中国加入世界贸易组织（WTO），中国开始全方位的开放。当代中国，以建设"一带一路"为依托，进一步提高开放水平和质量、提升开放规模和范围，致力于构建全方位、多层次的国际商业互联互通网络，以此带动更多沿线国家打破经济、文化隔阂，使得不同区域、不同文明主体间形成了紧密的利益共同体，为世界经济的发展注入了新动力、拓展了新空间。

经过数十年的积累和发展，中国已经成为世界第二大经济体，GDP总量突破100万亿元大关，人均国民收入接近中等偏上国家平均水平，中国实现了从站起来、富起来到强起来的历史性跨越。面对未来，中国提出了新的经济发展方向："要加快建设制造强国，加快发展先进制造业，推动互联网、大数据、人工智能①和实体经济深度融合，在中高端消费、创新引领、绿色低碳、共享经济、现代供应链、人力资本服务等领域培育新增长

---

① 人工智能（Artificial Intelligence）：缩写为AI。它是研究、开发用于模拟、延伸和扩展人的智能的一门新的科学。1956年美国科学家首次提出了"人工智能"这一术语。1997年5月，IBM公司研制的深蓝（DEEP BLUE）计算机战胜了国际象棋大师卡斯帕洛夫（KASPAROV），人工智能在全球备受瞩目，也得到了迅猛发展。据统计，中国人工智能的专利数量已经超过了美国，成为世界第一。

点、形成新动能。"①

☞重要生词

1.	经济体	jīngjì tǐ	economies
2.	铁器	tiěqì	the tool made of steel
3.	牛耕	niúgēng	cattle farming
4.	纸币	zhǐbì	banknotes
5.	畜牧业	xùmùyè	livestock farming
6.	手工业	shǒugōngyè	handicraft
7.	效率	xiàolù	efficiency
8.	阶层	jiēcéng	social stratum
9.	工匠	gōngjiàng	craftsman
10.	尊卑	zūnbēi	superiors and inferiors
11.	特权	tèquán	privilege
12.	地主	dìzhǔ	landlord
13.	亩	mǔ	a unit of area
14.	布匹	bùpǐ	cloth
15.	服役	fúyì	serve in the army
16.	户籍	hùjí	domicile
17.	征收	zhēngshōu	levy
18.	白银	báiyín	silver
19.	侵吞	qīntūn	embezzle
20.	划时代	huàshídài	epoch-making
21.	信誉	xìnyù	reputation
22.	传承	chuánchéng	inherit
23.	品牌	pǐnpái	the brand
24.	宫廷	gōngtíng	palace
25.	民间	mínjiān	nongovernmental
26.	燃料	ránliào	fuel
27.	外焦里嫩	wàijiāolǐnèn	crispy on the outside, juicy on the inside
28.	酿制	niàngzhì	produce by fermentation
29.	发酵	fājiào	ferment
30.	调配	tiáopèi	allocate; deploy
31.	赞不绝口	zànbùjuékǒu	be full of praise
32.	口岸	kǒuàn	port

---

① 引自习近平 2017 年 10 月 18 日在中国共产党第十九次全国代表大会上向大会作的报告——《决胜全面建成小康社会夺取新时代中国特色社会主义伟大胜利》。

33. 商行	shānghán	trading company
34. 关税	guānshuì	customs duties
35. 抵押	dǐyā	mortgage
36. 当铺	dàngpù	pawnshop
37. 金融	jīnróng	finance
38. 汇兑	huìduì	exchange
39. 命脉	mìngmài	lifeblood
40. 改造	gǎizào	transform；reform
41. 大幅	dàfú	substantial
42. 共识	gòngshí	consensus
43. 前无古人	qiánwúgǔrén	unprecedented
44. 创举	chuàngjǔ	pioneering work
45. 门类	ménlèi	category，classification
46. 依托	yītuō	rely on
47. 隔阂	géhé	barrier；gap
48. 跨越	kuàyuè	stride across
49. 培育	péiyù	cultivate
50. 动能	dòngnéng	energy of motion

☞专有名词

1. 工业革命	gōngyè gémìng	the industrial revolution
2. 管仲	Guǎn Zhòng	guǎn zhòng
3. 初税亩	Chūshuìmǔ	the taxation system of being taxed per acre
4. 租庸调制	Zūyōngdiàozhì	the taxation system in Tang dynasty
5. 一条鞭法	Yītiáobiān fǎ	the taxation system in Ming dynasty
6. 鲁国	Lǔguó	Luguo
7. 中华老字号	Zhōnghuá lǎozìhào	the famous and old brand in China
8. 北京烤鸭	Běijīng kǎoyā	Beijing Roast Duck
9. 闷炉	mēnlú	closed oven
10. 挂炉	guàlú	hung oven
11. 便宜坊	Biànyífāng	Bianyifang
12. 全聚德	Quánjùdé	Quanjude
13. 茅台酒	Máotái jiǔ	Moutai wine
14. 苏格兰威士忌	Sūgélán wēishìjì	Scotland Whisky
15. 法国白兰地	Fǎguó Báilándì	France Brandy
16. 日内瓦会议	Rìnèiwǎ huìyì	Geneva Conference
17. 周恩来	Zhōu Ēnlái	Zhou Enlai
18. 十三行	Shísān háng	the old trading port in China

19. 山西票号	Shānxī piàohào	Shanxi exchange bank
20. 日昇昌	Rìshēngchāng	Rishengchang
21. 山西平遥	Shānxī Píngyáo	Shanxi Pingyao
22. 生产资料私有制	shēngchǎn zīliào sīyǒuzhì	private ownership of the means of production
23. 社会主义公有制	shèhuì zhǔyì gōngyǒuzhì	socialist public ownership
24. 农业税	nóngyè shuì	agricultural tax
25. GDP	GDP	gross domestic product
26. 互联网	hùliánwǎng	internet
27. 大数据	dàshùjù	the big data
28. 实体经济	shítǐ jīngjì	real economy
29. 低碳	dītàn	low-carbon
30. 共享经济	gòngxiǎng jīngjì	share economy
31. 现代供应链	xiàndài gōngyìngliàn	modern supply chain
32. 人力资本	rénlì zīběn	human capital

☞综合注释

一、×们，们，用在代词或指人的名词后面，表示复数，是词的后缀。例如：我们、你们、孩子们、老师们、同学们、动物们等。词缀分为前缀和后缀，一般依附于词根而存在，且通常没有实际含义，而这种现象在现代汉语中也普遍存在。比如："子""头""小"可以组成"×子""×头""小×"。

◆ 练一练：仿照下面的例子，找出一些基本词并组词。

（1）×子：刀子、瓶子、扳子、孩子……

（2）×头：石头、木头、念头、来头……

（3）小×：小子、小王、小李、小孩……

二、士农工商，指士人、农民、工人、商人，是缩略语。缩略语的用法在我们生活中也经常可见。例如："土地改革"缩略为"土改"；"清华大学"缩略为"清华"；"工业农业"缩略为"工农业"等，缩略方法也有多种。

◆ 练一练：根据下列缩略法，再举出相应的例子。

1. 分段简缩。

（1）abcd 到 ac 式

如："地下铁道"——"地铁"；"北京大学"——"北大"

（2）abcd 到 ad 式

如："空中小姐"——"空姐"；"高等院校"——"高校"

2. 截断简缩：截取最有区别性特征成分。

如："中国人民解放军"——"解放军"；"中国南极长城站"——"长城站"

3. 综合简缩：既采取截断简缩，有采取分段简缩。

如："中国人民政治协商会议"——"政治协商会议"——"政协"

"全国人民代表大会"——"人民代表大会"——"人大"

4. 省同存异：省略相同成分，保留不同成分。

如："理科工科"——"理工科"；"中学小学"——"中小学"

5. 标数概括：用数字概括相同的成分，省略不同的成分。

如："增产节约、增产收支"——"双增双减"

"保修包退包换"——"三包"

☞综合练习

一、选择合适的词语填空。

促进　　促成　　推进　　鼓动　　鞭策

(1)党的民族政策_____了各民族之间的团结。

(2)固然、聪明、才智、学识、机缘等，都是_____一个人成功的必要因素。

(3)建筑工程的逐步_____，移民搬迁工作迫在眉睫。

(4)在老师的_____下，我们打扫了教室。

(5)我们要用榜样事迹来_____自己，努力学习，热爱集体。

二、用所给的词语造句。

(1)效率：

(2)特权：

(3)信誉：

(4)传承：

(5)赞不绝口：

(6)前无古人：

三、用括号里面的词语完成句子。

(1)他今日的努力，_____。（奠定）

(2)改革依然是中国经济发展的保障，_____。（垄断）

(3)王老师春风化雨般的教导，_____。（培育）

(4)远处的梨花如云霞浮绕前方，_____。（融合）

(5)一个人只有拥有梦想，_____。（依托）

四、根据课文内容，回答问题。

(1)中国早期社会分工包括哪些方面？

（2）什么是老字号？谈谈你所熟悉的老字号有哪些。

（3）你认为影响经济发展的因素有哪些？

五、写作。

改革开放是近代中国做出的重要决策，请你结合清朝闭关锁国政策，谈谈"封闭"与"开放"对国家经济发展的影响。

☞拓展阅读

中国货币发展简史

中国使用货币的历史有近五千年，是世界上最早使用货币的国家之一。中国古代货币主要经历了五次大的转变：从自然货币转向人工货币，从形状不一转向统一形状，从地方各自铸币转向中央统一铸币，从文书重量转向通宝、元宝，从金属货币转向纸币。

一、自然货币转向人工货币

据《管子》《史记》等一些古代文献的记载，以及很多考古发掘也都证实，中国早在夏朝时就已经使用贝壳作为货币。在汉字中，凡与价值、宝贝有关的字，大多与"贝"有关。海贝来自海洋，内陆地区不易得到，这种稀有性使海贝具备了成为原始货币的条件。随着商业的发展，货币需求量越来越大，天然海贝已无法满足需求，商朝开始用铜仿制海贝。铜币的出现，标志着货币从自然货币向人工货币的转变。随着人工铸币的大量使用，海贝便慢慢退出了中国的货币舞台。

二、从形状不一转向统一形状

商朝铜币出现后，一直到战国时期，不仅各诸侯国自铸货币，而且在一个诸侯国内的各个地区也都各自铸币。秦统一中国后，于公元前210年颁布了中国最早的货币法，规定在全国范围内通行秦国的圆形方孔钱。货币的统一，结束了中国古代货币形状各异、重量悬殊的杂乱状态，标志着中国古代货币由杂乱形状向规范形状的重大转变。秦朝的这种圆形方孔、外圆内方的钱币样式，一直沿用到民国初期。

三、从地方各自铸币转向中央统一铸币

汉朝初期，国内各郡可自行铸钱，这不仅造成了货币市场的混乱，同时很多富商操纵了铸币权，富比天子。公元前 113 年，汉武帝收回了各郡国的铸币权，由中央统一铸造五铢钱，五铢钱成为汉朝唯一合法货币。中央政府对钱币铸造、发行的统一管理，标志着古代货币从地方铸币向中央铸币的转变。

四、从文书重量转向通宝、元宝

秦汉以后所铸的钱币，一般都在钱币身上的文字中明确标明钱的重量，如"半两""五铢"等(二十四铢为一两)。唐高祖李渊决心改革币制，废除轻重不一的各种古钱，统一铸造"开元通宝"钱。"开元通宝"一改秦汉时期的钱币旧制，钱币上面的文字不再注明钱币的重量，是中国最早的通宝钱。从此以后的铜钱也都不再标重量，都叫通宝、元宝，一直到辛亥革命后的"民国通宝"。

五、从金属货币转向纸币

世界上最早使用的纸币是宋朝的交子。最初的交子实际上是一种存款凭证，最早出现在四川成都，不便携带巨款的商人将现金存入"交子铺子"，"交子铺子"把存款数额填写在纸上交给商人，作为存款凭证和取款凭证。随着交子使用范围的逐步扩大，北宋(公元 1023 年)政府设立官方的益州交子务，发行"官交子"126 万贯，本金 36 万贯为准备金，准备金率为 28%。从此交子从商业信用凭证成为了官方法定货币，具备了现代纸币的各种基本要素。"交子"的出现和流通，标志着古代货币从金属货币转向纸币。

中华人民共和国的法定货币是人民币，人民币的主管机关是中国人民银行，负责人民币的设计、印制和发行。中华人民共和国成立至今已发行五套人民币，目前流通的主要是 1999 年 10 月 1 日发行的第五套人民币，共有 1 角、5 角、1 元、5 元、10 元、20 元、50 元、100 元八种面额。

◎ 思考

1. 介绍一下你们国家的货币。

2. 你认为未来货币会走向多元化还是同一化？

第十二章　中国的法律

☞知识导读

　　法律是由国家制定或认可并以国家强制力保证实施的、反映统治阶级意志的规范体系。法律是维护国家稳定、社会发展的最强有力的武器，也是捍卫人民群众权力和利益的工具。中国法学思想在四千多年前就已萌芽，经过历代的发展完善，中国古代法律自成一体，独具特色，成为闻名中外的"中华法系"①。清末就开始引进西方大陆法系②国家的法律，新中国成立后继续借鉴别国法律、完善具有中国特色的法系，但本质上也是属于大陆法系的。

☞课文精读

　　中国古代法律制度是中国古代政治制度的重要组成部分。中国古代法律自夏商周到明清四千多年，每个阶段都有其独特的闪光点。

　　原始社会，法治文明还没有出现，人们的社会关系比较简单，也没有统一的国家和国家机器，维持社会秩序主要依靠在日常生活中形成的传统习惯和道德规范，一般称之为习惯法。

　　公元前21世纪启建立夏朝，国家正式建立，法制体系也逐渐形成。夏朝的法律具有习惯法性质，主要包括礼和刑两部分，礼用于处理各种社会关系，刑用于制裁违法犯罪行为。夏朝法律奠定中国古代先礼后刑、礼刑并用的法律传统。中国早在夏朝之前就发明了监狱，不孝是最重大的犯罪行为。周朝时就有了婚姻制度，主要原则是一夫一妻制和男尊女卑制，但对贵族而言，则可以一夫一妻多妾制。

---

　　① 中华法系（China's legal system）是世界五大法系之一，它融合了中国传统思想的儒家、法家、道家、阴阳家学说的精华，呈现出多元的特征；以儒为主，礼法合一，具有浓厚的人伦道德色彩；以国家法为主体，也承认"民间法"的效力；司法与行政合一；法律对特定人群有豁免权；以刑法为主，诸法合体。中华法系不但对古代中国产生了深远影响，而且对古代日本、朝鲜和越南等中华文明圈国家的法制文明也产生了重要影响，从唐朝起，中国法典被相邻国家奉为母法。

　　② 大陆法系（Civil Law System）：世界各国法律分为五大法系：欧洲大陆法系、英美法系、伊斯兰法系、印度法系、中华法系，其中中华法系和印度法系已经解体。大陆法系是指在欧洲源于罗马法、以《法国民法典》和《德国民法典》为代表的法律体系，也称罗马法系、民法法系或罗马—德意志法系。欧洲的法、德、意、荷兰、西班牙、葡萄牙等国和拉丁美洲、亚洲的许多法律都属于大陆法系。大陆法系继承了罗马法成文法典的传统，采纳了罗马法的体系、概念和术语，有较完整的成文法体系。要求法官遵从法律明文办理案件，一般不存在判例法，法官没有立法权，法官经考试后由政府任命。

中国古代第一部成文法出现在公元前536年，春秋时郑国将法律条文铸在金属鼎上，向全社会公布，开创了古代公布法律的先例，由此封建制法取代了奴隶制法，为建立成文法体系奠定了基础。

中国历史上第一部比较系统的成文法典是魏国李悝大约在公元前407年制定的《法经》，该书按罪名类型、批捕程序、量刑原则等内容分立篇目，初步确立了定罪量刑的规范性，建立了后来历代封建王朝立法的基本模式，在中国法制史上具有划时代的意义。

秦朝是中国第一个中央集权的封建政权，主张"以法治国"，首创"天下已定，法令出一"的立法原则，参照《法经》制定了《秦律》，此后两千多年，各个朝代的基本法典大多称为"律"。秦朝的法律包括刑事法、民事法、经济法、行政法和诉讼法。《秦律》明确了刑事责任能力及年龄的规定，规定未成年人犯罪，一般免予追究或减轻刑事责任；对故意和过失进行了区分；对共同犯罪加重处罚；对犯罪后投案自首适当减刑或免刑。这些都对后世有非常深远的影响，成为唐朝以前历代法律的蓝本。

汉朝统治者吸取秦朝灭亡的教训，放弃了秦朝的重刑主义思想，确立"德主刑辅"的法律原则，以德礼教化为主要统治方式，以刑法手段为辅助治理工具，礼刑并用，缓和了社会矛盾，维护了统治，因而成为此后两千多年的正统法律思想。汉朝的法律有两个重大变化，一是官员贵族特权的法律化，贵族及其亲属不适用普通的司法审判程序，而由皇帝审判，一般可以获得减免刑罚等特权。二是刑事责任制度的儒家化，是指一定范围的亲属犯罪，可以相互包庇，而不追究刑事责任。在经济立法方面，制定了盐铁酒专卖制度和对外贸易的法律。汉朝还建立了司法审判监督制度，被历代政权长期沿用。

隋朝最重要的一部成文法典是《开皇律》，它吸收历代立法成就，在中国法制史上具有承前启后的地位。唐朝的《唐律疏议》是中国保存至今最早最成熟最完备的成文法典，代表了中国古代传统立法的最高水平，是中国古代法律的集大成者和中华法系的代表，其先进性、科学性也受到邻国的尊重，并被奉为母法。日本的《大宝律令》、朝鲜的《高丽律》、越南的《刑书》基本都是直接仿照唐律制定的。

宋朝最重要的法典是《宋刑统》，它是中国历史上第一部刻印颁布的成文法典。宋朝将各种法律形式分门别类，综合起来，首创了"条法事类"的立法形式。

元朝针对蒙汉等各族分别制定法律制度，以保障蒙古人的统治地位和各项特权，具有民族歧视和民族分治的特点。

明朝吸取元朝政治黑暗、法制败坏的教训，形成了"重典治吏"的法制原则。《大明律》是明朝最重要的基本法典，条文形式比唐律简单、内容精神比宋律严格。明朝还将一些法律条文列入各级学校的必修科目和科举考试内容，要求民众学习、宣传。

清朝制定了《大清律例》作为基本法典。国家的各重要机构也都制定了各自的则例，作为本部门行政活动的法律规范及办事规则，则例是清朝首创的行政立法的重要形式。清朝为了加强思想文化领域的统治，大兴文字狱，非常残暴。

第一次鸦片战争后，清朝开始全面推进法制改革，吸收西方法律理论与法律制度，开启了中国传统法制向近代法制的转变。辛亥革命后，南京国民政府颁布了具有宪法性质的《中华民国临时约法》，建立了中国资产阶级民主法制。

中国古代法律呈现以下特点：一是以刑法为主。中国古代法典基本上都是刑法典，虽然也包含了民法、诉讼法以及行政法等内容，形成了民刑不分，各法合体，但始终以刑法为主。二是礼法为辅，中国古代多种思想都对中国古代法律产生了很大影响，具有较强的道德伦理色彩。三是有等级和法外特权，法律明确保障封建帝王及统治集团的成员享受法外特权。四是重法治吏。法治由官员执行，为了更好发挥法治的作用，那就需要控制官吏的权力，防止权力滥用。

1949 年新中国诞生，中国开始建设有中国特色的社会主义法治。1954 年通过了《中华人民共和国宪法》(简称"五四宪法")，并以此为基础，开始全面建立各项重要法律法令。1978 年开始改革开放，中国法律秩序由政策型转向现代法理型，实现从人治到法治的转变，强调"有法可依、有法必依、执法必严、违法必究"。1979 年通过了新中国历史上第一部刑法典和刑事诉讼法典。1982 年中国通过的宪法(简称"八二宪法")确立了国家法制统一的原则。1997 年提出了依法治国、建设社会主义法治国家的基本方略。2002 年，更是提出了依法执政这个全新的理念，明确了到 2010 年形成中国特色社会主义法律体系的历史性目标。到 2010 年，中国已制定现行有效法律 236 件、行政法规 690 件、地方性法规 8600 多件，法律部门齐全，行政法规完备，中国特色社会主义法律体系已经如期形成并还在进一步发展完善，截至 2022 年 3 月，中国现行有效法律共有 291 件。

中国特色社会主义法律体系，是以宪法为纲，由宪法及宪法相关法、民法商法、行政法、经济法、社会法、刑法、诉讼与非诉讼程序法等七个部分组成的有机统一整体；包括法律、行政法规、地方性法规三个层次。

宪法是国家的根本法，是制定一般法律的依据，具有最高的法律效力，解决的是国家发展中带有根本性、全局性、稳定性和长期性的问题。现行宪法是 1982 年由全国人民代表大会通过的，先后通过了 4 个宪法修正案，对宪法的部分内容作了修改。

全国人大及其常委会制定的法律是中国特色社会主义法律体系的主干，确立了国家经济建设、政治建设、文化建设、社会建设以及生态文明建设等方面重要的法律制度，也为行政法规、地方性法规的制定提供了重要依据。

行政法规是由国务院根据宪法和法律制定的，是对法律的具体化、细化和补充，包括行政管理的各个领域，涉及国家经济、政治、文化、社会事务等各个方面。

地方性法规是中国特色社会主义法律体系的又一重要组成部分。省、自治区、直辖市和较大的市的人大及其常委会根据地区特点制定地方性法规，是对法律、行政法规的细化和补充，是国家立法的延伸和完善。

中国现代法制建设的主要特征是：第一，它强调法律是治理国家的基本手段，要求国家与社会生活的法制化；第二，它建立了现代型的法律秩序，形成以宪法为主导、公法与私法相分离、实体法与程序法相区别的法律框架；第三，确定新的法律价值体系，通过法律保障和促进公民的权利；第四，确立法律至上的现代法治观念，加强培养公民信任法律、尊重法律的意识；第五，在"一国两制"的伟大构想下，逐步形成一国多法的整合性的法律格局。

☞重要生词

1. 意志　　　　　　　　yìzhì　　　　　　　　will

2. 捍卫	hànwèi	guard
3. 权利	quánlì	right
4. 法系	fǎxì	system of law
5. 法治	fǎzhì	rule of law
6. 维持	wéichí	maintain
7. 制裁	zhìcái	sanctions
8. 犯罪	fànzuì	crime
9. 条文	tiáowén	articles
10. 先例	xiānlì	precedents
11. 罪名	zuìmíng	charges
12. 批捕	pībǔ	ratify the arrest
13. 定罪	dìngzuì	conviction
14. 量刑	liàngxíng	sentencing
15. 刑事法	xíngshìfǎ	criminal law
16. 民事法	mínshìfǎ	civil law
17. 行政法	xíngzhèngfǎ	administrative law
18. 诉讼法	sùsòngfǎ	procedural law
19. 追究	zhuījiū	investigation
20. 过失	guòshī	negligence
21. 处罚	chǔfá	punishment
22. 投案自首	tóuànzìshǒu	surrender
23. 刑罚	xíngfá	punishment
24. 包庇	bāobì	cover
25. 司法	sīfǎ	justice
26. 颁布	bānbù	issued
27. 歧视	qíshì	discrimination
28. 败坏	bàihuài	spoil
29. 滥用	lànyòng	abuse
30. 统帅	tǒngshuài	commander
31. 细化	xìhuà	refinement
32. 领域	lǐngyù	domain
33. 延伸	yánshēn	extension
34. 意识	yìshí	consciousness
35. 构想	gòuxiǎng	conception

☞专有名词

1.《法经》	*Fǎjīng*	*The Book of Law*
2.《秦律》	*Qínlǜ*	*The law of qin dynasty*

3.《开皇律》	*Kāihuánglù*	*The law of kai huang(reign title)*
4.《唐律疏议》	*Tánglùshūyì*	*Comments on Laws of Tang Empire*
5.《大宝律令》	*Dàbǎolùlìng*	*Taiho code*
6.《宋刑统》	*Sòngxíngtǒng*	*Songxingtong*
7.《刑书》	*Xíngshū*	*The Book of Punishment*
8.《高丽律》	*Gāolílù*	*Korean law*
9.《大明律》	*Dàmínglù*	*Law of Ming Dynasty*
10.《大清律例》	*Dàqīng lùlì*	*Law of Qing Dynasty*
11.《中华民国临时约法》	*Zhōnghuá Mínguó línshí yuēfǎ*	*Republic of China temporary provisional constitution*
12.《中华人民共和国宪法》	*Zhōnghuá Rénmín Gònghéguó Xiànfǎ*	*Constitution of People's Republic of China*
13.《八二宪法》	*Bāèr Xiànfǎ*	*Constitution of 1982*
14. 资产阶级	*zīchǎnjiējí*	*bourgeoisie*
15. 南京国民政府	*Nánjīng GuóMín ZhèngFǔ*	*Nanjing national government*
16. 中国特色的社会主义	*Zhōngguó tèsè de shèhuì zhǔyì*	*socialism with Chinese characteristics*
17. 依法治国	*yīfǎzhìguó*	*rule of law*
18. 依法执政	*yīfǎzhízhèng*	*law-based exercise of state power*
19. 全国人大	*Quánguó Réndà*	*the National People's Congress*

☞综合注释

一、中国古代法律自成一体，独具特色，成为闻名中外的"中华法系"。

✕系，本章的意思表示"系统、派别"。如"大陆法系""海洋法系"、水系、星系。"系"还可以做动词，表示连接、栓绑、牵挂的意思。例如：关系，联系、系马。

◆ 练一练：区分下列词语属于动词还是名词。

中文系　　维系　　体系　　心系　　母系　　联系

动词：＿＿＿＿＿＿＿＿＿＿＿＿

名词：＿＿＿＿＿＿＿＿＿＿＿＿

二、宪法是国家的根本法，是制定一般法律的依据，具有最高的法律效力，解决的是国家发展中带有根本性、全局性、稳定性和长期性的问题。

"性"在本章的意思是"事物综合表现出来的性质、特征"。本章之前已经出现过，不过在本章的出现频率更高，因此一并总结。例如：

1. 中国古代哲学具有鲜明的现实性。

2. 各民族和国家的文化传统既因时因地而异，又有一定的稳固性和延续性。

3. 中国人的饮食以植物性食材为主。

◆ 练一练：请用"性"改写下面的句子：

(1)汉语具有四个声调，声音抑扬顿挫，像音乐一样。

_____。

(2)鲁迅是中国现代文学作家里最重要的代表。

_____。

☞综合练习

一、根据生词写拼音。

维持_____ 强制_____ 捍卫_____ 制裁_____

利益_____ 滥用_____ 追究_____ 延伸_____

批捕_____ 制度_____ 处罚_____ 歧视_____

二、词语搭配连线。

制定   重点

保障   依据

强调   权利

产生   法律

建立   影响

三、根据课文内容判断正误。

1. 法律自中国古代的夏商周到明清四千多年，每个阶段都很独特。 （　）

2. 1949 年新中国诞生，中国已经建设了中国特色的社会主义法治体系。 （　）

3. 国务院制定的法律是中国特色社会主义法律体系的主干。 （　）

4. 中国历史上第一部比较系统的成文法典是魏国李悝大约在公元前 407 年制定的《法经》。

（　）

5.《大明律》是明朝最重要的基本法典，条文形式比唐律简单、内容精神比宋律严格。

（　）

6. 省、自治区、直辖市和较大的市的人大及其常委不可根据地区特点制定地方性法规。

（　）

四、根据课文内容，回答问题。

(1)新中国成立之后所制定的法律呈现了哪些特点？

(2)请从法律的角度解释"重义轻利"的含义。

五、写作。

"法律不外乎人情"这句话通俗地说，就是法律一般不会超出人类社会的情感之外，即基本符合社会的伦理道德、人的思想感情。也就是说，法律富含人性化，但是法律又具有强制性和约束力的。请你谈谈法律和人情的关系。

☞拓展阅读

《中华人民共和国民法典》

《中华人民共和国民法典》是新中国第一部以法典命名的法律，是新中国民事立法的集大成者。它在中国特色社会主义法律体系中具有重要地位，是一部基础性法律，也是市场经济的基本法，被称为"社会生活的百科全书"。自2021年1月1日起施行。

民法典系统整合了新中国70多年来法治实践形成的民事法律规范，汲取了中华民族5000多年优秀法律文化，也借鉴了人类法治文明建设的有益成果。是一部具有历史积淀性、世界开放性和实践总结性的法典。

《中华人民共和国民法典》，汇编修订了9部法律，它们是中国制定颁行于不同时期的婚姻法（1980）、继承法（1985）、民法通则（1986）、收养法（1991）、担保法（1995）、合同法（1999）、物权法（2007）、侵权责任法（2009）、民法总则（2017）。民法典涉及社会和经济生活的方方面面，涵盖了不同民事主体从"生"到"死"的各类人身关系和财产关系，是名副其实的"社会生活的百科全书"。

《中华人民共和国民法典》共7编、1260条，是中国第一部超过千条的法律。各编依次为总则、物权、合同、人格权、婚姻家庭、继承、侵权责任，以及附则。通篇贯穿以人民为中心的发展思想，着眼满足人民对美好生活的需要，对公民的人身权、财产权、人格权等作出明确翔实的规定，并规定侵权责任，明确权利受到削弱、减损、侵害时的请求权和救济权等，体现了对人民权利的充分保障，被誉为"新时代人民权利的宣言书"。

《民法典》里有很多创新和亮点。其中，最大的创新和亮点就是人格权的独立成编。传统民法调整的主要是两大关系，第一大关系是财产关系，财产关系已经在分则里表现为物权、合同债权。第二大关系就是人身关系，人身关系其实分为两大部分，一是人格权，二是身份关系。身份关系往往在婚姻家庭和继承制度里体现，但都没有对人格权作出单独规定，中国《民法典》弥补了大陆法国家体系传统上存在的缺陷。《民法典》将人格权独立成编的重要目的，就是为了全面强化对人格权的保护，维护人格尊严。在高科技高速发展的互联网时代，对隐私和个人信息等人格权利的保护比以往任何时候都更加重要，《民法典》人格权编第一次规定隐私权的概念，并第一次提出私人生活安宁权这个概念，把它作为隐私的重要内容，规定"自然人享有隐私权。任何组织或者个人不得以刺探、侵扰、泄露、公开等方式侵害他人的隐私权。"《民法典》还第一次提出了私密空间这个概念，规定私闯民宅、非法进入他人宾馆房间等都构成对私密空间的侵害。

《民法典》第一次规定，禁止利用信息技术深度伪造他人肖像。随着人工智能的发展，AI 换脸技术已经越来越成熟，《民法典》明确规定："任何组织或者个人不得以丑化、污损，或者利用信息技术手段伪造等方式侵害他人的肖像权。未经肖像权人同意，不得制作、使用、公开肖像权人的肖像，但是法律另有规定的除外。"

《民法典》第一次承认了声音可以作为一种新型的人格利益予以保护。规定："对自然人声音的保护，参照适用肖像权保护的有关规定。"

《民法典》第一次确立了从事人体基因、人体胚胎科研活动的底线规则。

民法典的颁布在中国法治建设历史上具有里程碑意义，将对法治国家、法治政府、法治社会建设带来更积极、更全面、更规范的影响，也会对坚持和完善中国特色社会主义制度、推进国家治理体系和治理能力现代化，保障人民群众美好幸福生活提供充分的法律保障。

◎ 思考：

（1）为什么说《中华人民共和国民法典》是一部"社会生活的百科全书"？

（2）世界法律体系分几类？都有什么特点？中国属于哪类？

第十三章　中国的科学技术

☞知识导读

☞知识导读

历史上，中国的科学技术为世界的发展做出了重大贡献。英国科技史家李约瑟博士认为："中国人在研究大自然并用以造福人类方面，很早就跻身于全世界先进民族之林了。"中国近代科技一度衰落，但现代中国科技飞速发展，已经在很多领域处于世界领先水平。

☞课文精读

从公元 6 世纪到 15 世纪，中国一直是世界上科学技术最为发达的国家，在天文学、医学、数学、农学、地理学、建筑学等方面都取得了非常伟大的成就，现代西方世界所应用的许多发明来自中国。

一、四大发明

四大发明包括造纸术、指南针、印刷术、火药，它集中了中国古代创新的智慧成果，对世界产生了深远的影响。造纸术的发明改变了文字的载体，纸张携带方便，经济实用，有利于文化的传播；指南针的发明为人类航海活动提供了条件，促进了环球航海事业的发展；雕版印刷术的发明大大提高了文化的传播速度和效率；火药武器的发明和使用，改变了作战方式，人类社会的历史进程和格局大大改变。这四种发明对中国古代的政治、经济、文化的发展产生了巨大的推动作用，经各种途径传至西方，对世界文明发展史也产生了巨大的影响(参看课后拓展阅读)。

二、天文历法

中国是世界上天文学起步最早、发展最快的国家。天文学和农学、医学、数学是中国古代最发达的四门自然科学。公元前 613 年，中国就有了世界上公认的首次哈雷彗星的确切记录，这比欧洲早六百多年。约公元前 600 年，中国已经掌握了测算一年中白天最长和最短的日子的方法，已经定出一年的长度为 365 日，古罗马人也用 365 日这个数据，但比中国晚了大约 500 年。西汉就有关于太阳黑子的记载，这是世界公认的最早记录。东汉时，张衡从日、月、地球所处的不同位置，对月食作了科学解释，这也是世界最早的。他发明制作的地动仪，可以遥测千里以外地震发生的方向，比欧洲早 1700 多年。唐朝天文学家、僧人一行是世界上用科学方法实测地球子午线长度的创始人。

中华民族是一个以农业耕种为主的民族，农耕与季节有着密切的联系。中国古人进行天文观测的一个重要目的就是制定历法①，以便指导生产生活。中国是世界上最早发明历法历书的国家。现存最古老的典籍《夏小正》，相传就是夏代的历书，它记载了人们由观察天象和气候决定农时季节的知识。汉武帝时，天文学家制订出中国第一部较完整的历书《太初历》。唐朝制定的《大衍历》比较准确地反映了太阳运行的规律，系统周密，表明中国古代历法体系的成熟。中国古人还根据太阳的位置，把太阳一年的运行轨迹划分成二十四等份，每一等份为一个节气，称之为二十四节气②，基本概括了一年中四季交替的准确时间，一年四季由"四立"开始，即立春、立夏、立秋、立冬，标示着四季轮换，反映了季节、气候等多方面变化，如春生、夏长、秋收、冬藏。二十四节气还反映了一些自然现象，如日照、降雨、气温等的变化规律。为了便于记忆，还将二十四节气编成歌诀进行传唱：春雨惊春清谷天，夏满芒夏暑相连。秋处露秋寒霜降，冬雪雪冬小大寒。

三、中医药

中医药，包括汉族和少数民族医药在内的中国传统医药。中医主要是研究人体生命活动和疾病变化的规律。

春秋战国时期，中国就出现了最早的职业医生和医学专著，当时著名的医生扁鹊提出了"望、闻、问、切"四种诊法，成为两千多年来一直为中医所沿用的传统诊病法。他应用针灸、按摩、药汁等方法治疗疾病，奠定了中医临床诊断和治疗的理论基础，被称为"医祖"。汉代名医华佗，擅长内科、外科、妇科、儿科，被人誉为"神医"，也是"外科鼻祖"。华佗发明了麻醉剂"麻沸散"，开创了麻醉药用于外科手术的先河，比西医的麻醉药早 1600 多年。西汉编定的《黄帝内经》是中国现存最早的中医典籍，全面系统地阐述了人体的解剖、生理、病理以及疾病的治疗原则与方法，形成了中医药理论体系框架，为后世医学的发展奠定了基础。秦汉到南北朝时期，"医圣"张仲景提出了传染性和感染性疾病的诊治原则和方法，其代表作《伤寒杂病论》是中国第一部临床治疗学方面的著作。东汉的《神农本草经》是中国第一部完整的药物学著作。唐高宗时期编修的《唐本草》，是世界上最早的、由国家颁行的药典。唐代"药王"孙思邈写了两部著作——《千金要方》和《千金翼方》，对临床各科、针灸、食疗、预防、养生等均有论述，他还提出"大医精诚"，就是说医生不仅要有高超的医术，还要有高尚的品德修养，他是第一个完整论述医德的人。明朝李时珍的《本草纲目》，记载药物 1892 种，处方 11096 个，全面总结了 16 世纪以前的中国医药学，被誉为"东方医药巨典"。这部著作从 1593 年起先后被翻译成日、法、英、德、俄等多国文字，在世界上广泛传播，对中国和世界药物学的发展做出了杰出的贡献，李时珍也被称为"东方达尔文"。

中医药以其独特的医疗方式、疗效以及便利性，受到很多国家民众的喜爱和信任。世界卫生组织的统计数据显示，有 113 个成员国认可针灸等中医药诊疗方式，29 个成员国为中医药的规范使用制定了有关法律法规，还有 20 个成员国将针灸等中医药诊疗纳入医

---

① 历法是中国古代天文学的重要内容，它不仅包括年、月、日、时、节气的推算、关系和顺序，还包括日、月、行星运动的推算。根据历法编写的工具书就是历书。

② 二十四节气：包括立春、雨水、惊蛰、春分、清明、谷雨；立夏、小满、芒种、夏至、小暑、大暑；立秋、处暑、白露、秋分、寒露、霜降；立冬、小雪、大雪、冬至、小寒、大寒。

疗保障体系。

四、其他领域

除了应用领域，在一些理论领域，中国取得的科技成就也非常多。数学方面，两汉时期的《九章算术》介绍了许多算术命题及其解法，是当时世界上最先进的应用数学，它的出现标志中国古代数学形成了完整的体系。魏晋时期的数学家刘徽，运用极限理论，提出了计算圆周率的正确方法；南朝祖冲之精确地计算出圆周率是在 3.1415926～3.1415927，这一成果比外国早近一千年。在世界数学史上，一般把勾股定理归功于公元前 5 世纪左右发现它的数学家毕达哥拉斯。公元前 2 世纪的《周髀算经》，提到大禹治水时所应用的数学知识，是中国最早使用勾股定理的例子，三百年之后，古希腊才提出勾股定理。物理学方面，战国时期墨家的《墨经》中有大量的物理学知识，其中包括杠杆原理和浮力理论，还有关于光影关系、小孔成像等声学、光学理论，被现代科学家称为"《墨经》光学八条"。

中国古人不但创造了大量的科技成果，还写成了许多科技专著。北朝时期，贾思勰的《齐民要术》，系统地总结了 6 世纪以前农牧业生产经验、食品的加工与保存、野生植物的利用等，是中国现存最早最完整的农书。明朝时期，徐光启的《农政全书》，综合介绍了中国传统农学成就，建立了一个比较完整的农学体系。战国时期，出现了手工业专著《考工记》，记述了当时手工业各个工种的设计规范和制造工艺，在当时世界上是独一无二的。北宋科学家沈括的《梦溪笔谈》，总结了中国古代的许多科技成就，英国学者李约瑟称沈括是"中国科技史上最卓越的人物"，《梦溪笔谈》是"中国科学史的里程碑"。明代宋应星的《天工开物》，总结了明代农业、手工业的生产技术，还收录了一些国外传来的新技术。国外称它为"中国 17 世纪的工艺百科全书"。

由于从明代开始，中国长期实行"闭关锁国"政策，使得近代科学技术在中国处于相对停止状态，中国的科技开始落后于西方。1919 年鸦片战争爆发以后，中国陷入长时间的战乱之中，直到 1949 年中华人民共和国成立，中国始终没有完成一次真正意义上的工业技术革命。

1949 年中华人民共和国成立后，中国的科学技术开始重建，发展进入了崭新的历史阶段。1956 年 1 月，中国提出了"向科学进军"的口号，1964 年提出要实现工业、农业、国防和科学技术现代化，简称"四个现代化"。1964 年，中国第一颗原子弹爆炸成功；1967 年，中国第一颗氢弹爆炸成功；1970 年，"东方红一号"人造地球卫星发射成功。1973 年，水稻专家袁隆平培育出了"杂交水稻"，该水稻亩产比普通水稻增产 20% 以上，被称为"东方魔稻"。1988 年，中国政府先后制订了"星火计划""863 计划""火炬计划""攀登计划"、重大项目攻关计划。1995 年中国提出"科教兴国"战略。这是继 1956 年号召"向科学进军"、1964 年"实现四个现代化"之后，中国科技事业发展进程中第三个重要里程碑，中国的科技事业进入新的发展阶段，取得了一系列的科技成果。中国科学家完成了人类基因组计划的 1% 基因绘制图；在世界上首次构建成功水稻基因组物理全图；修建了当今世界最大的水利工程——长江三峡水利工程；发射了技术性能达到国际先进水平的长征系列火箭。中国古代有四大发明闻名世界，中国现代又有"新四大发明"走红全球：高速铁路、扫码支付、共享单车、网络购物，虽然它们不是中国首创，但使用人数之多、范围之广让人赞叹惊奇。在现代科技领域，全世界看见了"中国速度"，外媒更是直接评出了中国现代科技的"6 大奇迹"：5G 网络①、超级计算机②、人工智能、射电望远镜"天眼"③、"墨子号"试验卫星④、"嫦娥四号"⑤。

中国现代科技取得了举世瞩目的成就，中国也必将以更加开放的态度展开新世纪的科技事业，为全球带来更多更好的科技成果。

☞重要生词

1.	载体	zàitǐ	carrier
2.	观测	guāncè	observation
3.	针灸	zhēnjiǔ	acupuncture and moxibustion
4.	按摩	ànmó	massage
5.	临床	línchuáng	clinic
6.	鼻祖	bízǔ	originator
7.	麻醉	mázuì	anaesthesia
8.	先河	xiānhé	precedent
9.	生理	shēnglǐ	physiology
10.	病理	bìnglǐ	pathology
11.	疗效	liáoxiào	efficacy
12.	举世瞩目	jǔshìzhǔmù	remarkable

☞专有名词

1.	李约瑟博士	Lǐyuēsè bóshì	Dr. Joseph Needham

---

① 5G 网络(5G Network)：是指第五代移动通信网络，它传输速度更快、更稳定、更安全，兼容性更好。截至 2021 年 11 月，中国已建成 5G 基站 115 万多个，占全球 70%以上，是全球规模最大、技术最先进的 5G 网络。

② 超级计算机(Super computer)：又称巨型机，是具有极大的数据存储容量和极快速的数据处理速度的计算机。1976 年美国克雷公司研发了世界上首台运算速度达每秒 2.5 亿次的超级计算机。2009 年中国"天河一号"问世，其峰值性能达到每秒 1.206 千万亿次，中国成为美国之后第二个可以独立研制千万亿次超级计算机的国家。2013 年"天河二号"、2016 年"神威太湖之光"的出现，更是标志中国进入超算世界领先地位。

③ 中国"天眼"：是一台 500 米口径球面射电望远镜(Five-hundred-meter Aperture Spherical radio Telescope，FAST)，位于中国贵州，2016 年建成。该射电望远镜是目前全球最大的，反射面相当于 30 个足球场，稳居世界级。从 2018 年 9 月 20 日开启至今，"天眼"已发现了 57 颗脉冲星。

④ 墨子号量子卫星：于 2016 年发射升空，是由中国自主研制的世界上首颗空间量子科学实验卫星。它为构建全球化量子通信网络提供了可靠的技术支撑。2020 年，"墨子号"量子科学实验卫星在国际上首次实现千公里级基于纠缠的量子密钥分发。

⑤ 嫦娥四号(Chang'e 4)：是中国探月工程发射的月球探测器，于 2019 年 1 月 3 日在月球背面着陆，实现了人类首次月球背面软着陆和巡视勘察，首次在月面开展生物科普展示，首次开展国际合作载荷搭载和联合探测。

2. 天文学	tiānwénxué	astronomy
3. 雕版印刷术	Diāobǎn yìnshuāshù	Woodblock printing
4. 哈雷彗星	Hāléi huìxīng	Halley's Comet
5. 古罗马人	Gǔluómǎ rén	Ancient Romans
6. 太阳黑子	tàiyáng hēizǐ	sunspot
7. 月食	yuèshí	lunar eclipse
8. 地动仪	Dìdòngyí	Seismograph
9. 子午线	Zǐwǔxiàn	prime meridian
10. 《夏小正》	*Xiàxiǎozhèng*	*Xia Xiaozheng*
11. 《太初历》	*Tàichūlì*	*Taichu Calendar*
12. 《大衍历》	*Dàyǎnlì*	*The Great Calendar*
13. 节气	jiéqì	Solar terms
14. 立春	Lìchūn	the beginning of spring
15. 立夏	Lìxià	the beginning of summer
16. 立秋	Lìqiū	the beginning of autumn
17. 立冬	Lìdōng	the beginning of winter
18. 中医药	zhōngyīyào	Chinese medicine
19. 少数民族	shǎoshù mínzú	minority
20. 扁鹊	Biǎn Qüè	Bian Que
21. 华佗	Huà Tuó	Hua Tuo
22. 内科	nèikē	Internal medicine
23. 外科	wàikē	Surgery
24. 妇科	fùkē	Gynecology
25. 儿科	érkē	Pediatrics
26. 张仲景	Zhāng Zhòngjǐng	Zhang Zhongjing
27. 《伤寒杂病论》	*Shānghánzábìnglùn*	*Typhoid Miscellaneous Diseases*
28. 《神农本草经》	*Shénnóngběncǎojīng*	*Shennong Materia Medica*
29. 药物学	yàowùxué	Pharmacology
30. 《唐本草》	*Tángběncǎo*	*Tang Materia Medica*
31. 孙思邈	Sūn Sīmiǎo	Sun Simiao
32. 《千金要方》	*Qiānjīnyàofāng*	*Qianjinyaofang*
33. 《千金翼方》	*Qiānjīnyìfāng*	*Qianjinyifang*
34. 李时珍	Lǐ Shízhēn	Li Shizhen
35. 《本草纲目》	*Běncǎogāngmù*	*Compendium of Materia Medica*
36. 达尔文	Dáěrwén	Darwin
37. 世界卫生组织	Shìjiè wèishēng zǔzhī	World Health Organization
38. 《九章算术》	*Jiǔzhāngsuànshù*	*Nine Chapters of Arithmetic*
39. 刘徽	Liú Huī	Liu Hui

40. 极限理论	Jíxiàn lǐlùn	Limit theory
41. 圆周率	Yuánzhōulǜ	pi
42. 祖冲之	Zǔ Chōngzhī	Zu Chongzhi
43. 勾股定理	Gōugǔ dìnglǐ	Pythagorean theorem
44. 毕达哥拉斯	Bìdágēlāsī	Pythagoras
45.《周髀算经》	*Zhōubì suànjīng*	*Zhoubi Suanjin*
46. 古希腊	Gǔxīlà	Ancient Greece
47.《墨经》	*Mòjīng*	*Mojing*
48. 杠杆原理	gànggǎn yuánlǐ	Leverage principle
49. 浮力理论	fúlì lǐlùn	Buoyancy theory
50. 光影关系	guāngyǐng guānxì	Light and shadow relationship
51. 小孔成像	xiǎokǒng chéngxiàng	Aperture imaging
52. 光学理论	guāngxué lǐlùn	Optical theory
53.《墨经》光学八条	"*Mòjīng* guāngxué bātiáo"	Eight Optical Articles of the *Mojing*
54. 贾思勰	Jiǎ Sīxié	Jiǎ Sīxié
55.《齐民要术》	*Qímínyàoshù*	*Qiminyaoshu*
56. 徐光启	Xú Guāngqǐ	Xu Guangqi
57.《农政全书》	*Nóngzhèngquánshū*	*Encyclopedia of Agricultural Politics*
58.《考工记》	*Kǎogōngjì*	*Kaogongji*
59. 沈括	Shěn Kuò	Shen Kuo
60.《梦溪笔谈》	*Mèngxī bǐtán*	*Mengxibitan*
61. 宋应星	Sòng Yìngxīng	Song Yingxing
62.《天工开物》	*Tiāngōngkāiwù*	*Heavenly Creation*
63. "闭关锁国"	"Bìguānsuǒguó"	Closed to the Outside World
64. 原子弹	yuánzǐdàn	atomic bomb
65. 氢弹	qīngdàn	H-bomb
66. "东方红一号"	"Dōngfānghóng Yīhào"	Dongfanghong No. 1
67. 人造地球卫星	rénzào dìqiú wèixīng	Artificial Earth Satellite
68. 袁隆平	Yuán Lóngpíng	Yuan Longping
69. 杂交水稻	zájiāo shuǐdào	Hybrid rice
70. 星火计划	Xīnghuǒ jìhuà	Project Spark
71. 863 计划	863jìhuà	Plan 863
72. 火炬计划	Huǒjùjìhuà	Torch Plan
73. 攀登计划	Pāndēngjìhuà	Climbing Plan
74. 科教兴国	kējiàoxīngguó	Rejuvenate the country through science and education
75. 人类基因组计划	rénlèi jīyīnzǔ jìhuà	Human Genome Project

| 76. 长江三峡水利工程 | *Chángjiāng Sānxiá shuǐlìgōngchéng* | Three Gorges Water Conservancy Project of the Yangtze River |
| 77. 扫码支付 | *sǎomǎ zhīfù* | Scan code to pay |

☞综合注释

一、中国人在研究大自然并用以造福人类方面，很早就跻身于全世界先进民族之林了。

×于：语素"于"为介词，表示在、到、向、自等。如跻身于、领先于、受惠于。例如：

1. 中国戏曲起源于原始歌舞。

2. 一般把勾股定理归功于公元前 5 世纪左右发现它的数学家毕达哥拉斯。

3. 鲁菜起源于春秋战国，形成于秦汉，成熟于三国晋南北朝。

◆ 练一练：理解下列词语，并填空：

归功于　　发现于　　造福于

(1)甲骨文_____明朝末年。

(2)李明把自己取得的成绩_____老师的辛勤培养。

(3)一切为了人民，党员干部要真心_____人民。

二、华佗发明了麻醉剂"麻沸散"，开创了麻醉药用于外科手术的先河。

开(创)了……的(之)先河，意思是创立或倡导了一些在先的事物。"先河"本义指古代帝王先祭祀黄河，后祭祀大海，以河为海的本源与先导。例如：

1. 他主演《茶花女》等西洋名剧，开国人演话剧之先河。

2. 唐代开了藏、汉民族间通婚之先河。

◆ 练一练：用"开……先河"改写下列句子：

(1)贝多芬是古典浪漫主义音乐的创始人。

_____。

(2)这项技术是最早利用仿生学的。

_____。

(3)孔子是中国历史上第一位开展私人讲学的人。

_____。

☞综合练习

一、词语造句。

(1)载体：

(2)先河：

(3)观测：

(4)擅长；

(5)鼻祖：

(6)举世瞩目：

二、用括号里的词语完成句子。

(1)在_____下，我完成了作业。（状态）

(2)_____，昔日店家门庭若市的盛况已不复再。（没落）

(3)经过我不懈地努力，_____。（突飞猛进）

(4)在我过生日那天，_____。（实现）

(5)他的文章中_____。（精确）

三、根据课文内容选择正确答案。

(1)（　　）是中国现存最早的中医典籍，全面系统地阐述了人体的解剖、生理、病理以及疾病的治疗原则与方法。

A.《伤寒杂病论》　　B.《黄帝内经》　　C.《本草纲目》　　D.《千金翼方》

(2)《齐民要术》的作者是（　　）。

A. 徐光启　　　　B. 孙思邈　　　　C. 孙思邈　　　　D. 贾思勰

(3)长江三峡水利工程是世界上（　　）的水利工程。

A. 规模最大　　B. 建造用时最长　　C. 历史最悠久　　D. 耗费人力最多

(4)被誉为"东方医药巨典"的著作是（　　）。

A.《本草纲目》　　B.《黄帝内经》　　C.《伤寒杂病论》　　D.《神农本草经》

(5)（多选）中国现代又有"新四大发明"走红全球：（　　），虽然它们不是中国首创，但使用人数之多、范围之广让人赞叹惊奇。

A. 高速铁路　　　　B. 人工智能　　　　C. 扫码支付　　　　D. 共享单车

E. 网络购物

四、根据课文内容回答问题。

(1)什么是二十四节气？

(2)你认为中国现代有哪些值得人称道的科学技术？

五、写作。

古代的中国科学技术的发展在当时是十分实用的，但有人认为"中国古代的科学技术对现代生活的影响是微弱的，不符合现在的生活状况"，你是否赞同这种观点，谈谈你的看法。

☞ **拓展阅读**

中国古代四大发明

在中国古代科技中，最著名的是"四大发明"——造纸术、活字印刷术、指南针、火药，都对世界产生了巨大而深远的影响。

一、造纸术给世界带来的改变

有了文字之后，就需要有书写材料作为载体。在古代印度，书写材料主要用桦树皮、贝叶、木板和竹片；古代埃及人利用尼罗河的纸草来记述历史；古代欧洲人利用动物的皮来书写文字；而中国在造纸术发明以前，主要用甲骨、竹简和绢帛来书写、记载，但是甲骨、竹简都比较笨重，绢帛虽然轻便，但是成本非常昂贵，所以在古代读书、写字成本都是普通家庭无法承担的。公元 105 年，东汉蔡伦改进造纸术。他用树皮、麻头、破布和旧渔网做造纸原料，扩大了原料来源，降低了造纸成本，提高了纸的产量和质量，并且便于携带，是书写材料的一次革命。造纸术慢慢传入西域、中亚，极大地推动了整个世界的文化发展。

二、雕版印刷术的影响

自从汉朝发明纸以后，书写材料比甲骨、竹简和绢帛要轻便、经济，但是抄写书籍还是非常费工的，不能满足社会的需要。开始于唐朝的雕版印刷术，经宋代的毕昇发展、完善，产生了活字印刷：就是先用胶泥做成一个个规格统一的单字，用火烧硬，成为胶泥活字，然后把它们分类放在木格里，排版时，用一块带框的铁板作底托，上面敷一层药剂，然后把需要的胶泥活字从备用的木格里拣出来，排进框内，再用火烤。等药剂稍熔化，用一块平板把字面压平，待药剂冷却凝固后，就成为版型。印刷时，只要在版型上刷上墨，敷上纸，加上一定压力就行了。印完后，再用火把药剂烤化，轻轻一抖，胶泥活字便从铁板上脱落下来，下次又可以再用。

雕版印刷术发明以后，报纸、书籍和杂志等印刷品迅速普及。于是，人类信息传播的数量、质量、速度和范围得到飞速增长，大大推动了教育的发展、文化的普及和科学启蒙、社会进步，使人类社会发生了翻天覆地的变化，真正步入了一个崭新的大众传播时代。

三、指南针与麦哲伦航行

指南针是用以判别方位的一种简单仪器。最早的指南针是司南，是用整块天然磁石经过琢磨制成勺型，勺柄指南极。这种勺形司南直到八世纪时仍在应用。北宋时期，人们发明了用人工磁化铁针的方法，制成指南针，并开始应用于航海。南宋时，指南针普遍应用于航海，同时传到阿拉伯。13 世纪初指南针传入欧洲。

指南针用于航海，使占地球四分之三的海域化为了通途。15 世纪来，哥伦布横渡大西洋到达美洲大陆；16 世纪初，麦哲伦环球航行成功，不仅开辟了新航线，还通过他的探险航行证明地球是圆的。

四、火药与枪炮

火药是中国隋唐时期发明的。火药的研究开始于古代道教的炼丹术，道士们为求长生不老而炼制丹药。唐代的炼丹者掌握了一个很重要的经验，就是硫、硝、碳三种物质可以构成一种极易燃烧的药，这种药被称为"着火的药"，即火药。火药没有解决长生不老的问题，又容易着火，炼丹家对它不感兴趣。火药的配方后来转到军事家手里，他们发现原来体积很小的火药，点着后体积突然膨胀，猛增至几千倍，这时容器就会爆炸，于是就利用火药燃烧和爆炸的性能制造出各种各样的火器。南宋末年发明了突火枪，成为武器史上的一个突破，也是近代枪炮的前身。大约在公元13世纪，用金属管代替竹筒的铳枪出现，其威力超过了从前所有的武器。

13世纪火药由商人经印度传入阿拉伯国家。公元1234年蒙古灭金之后，装备火器的蒙古大军横扫东欧平原，火药技术传播到了欧洲。火药动摇了西欧的封建统治，昔日靠冷兵器耀武扬威的骑士阶层日渐衰落。火药的发明大大地推进了历史发展的进程，是欧洲文艺复兴，宗教改革的重要支柱之一。

◎ 思考：

(1)中国古代四大发明有哪些？它们对世界带来了什么影响？

(2)现代科技发达，每天都有各种发明，你认为哪些发明是人类文明的进步？哪些发明是对人类或社会有害的？

第十四章 中国的教育

☞知识导读

教育出现于人类社会之初，起源于社会劳动，其目的是为了传授生产劳动和社会生活的经验。教育推动了人类社会的发展，并与人类社会长期共存。中华民族十分重视教育，教育对文化传承有巨大的作用。

☞课文精读

一、官学和私学

中国古代教育分为官学和私学。西周时期，社会不发达，阶级分化严重，奴隶主贵族垄断文化教育，民间并不掌握文化和学术，所以就有"学在官府①"的说法。由朝廷设立中央官学正式开始于汉朝。汉武帝时设立的太学，标志着以儒家经学为主要教育内容的中国封建教育制度正式确立。太学和国子监是中国封建国家的最高学府，是封建王朝培养人才的主要场所。

另外根据文化程度、教育对象和教学内容的不同，中国封建社会的中央官学还有贵族学校和专科学校。贵族学校是专门招收皇室近亲及宰相大臣的子孙读书的学校，如唐朝的弘文馆、崇文馆，宋代的宗学、清代的旗学，都属于这一类型。专科学校是培养某种专业人才的机构，如南朝的史学、文学、儒学和玄学；唐宋明三代创办的书学、算学、律学、医学、画学、武学等。

各朝各代的中央官学一般设在都城，地方上相应地设有府学、州学、县学等地方官学，由各级政府指定专职的学官管理。官学的教育内容以儒家经典为主，以四书五经为主要教材。中国古代官学在培育各种优秀人才、继承中国古代文化、繁荣科学、学术等方面，起到了十分重要的作用。

除了官学，中国古代还有私学。随着社会经济、政治的变动，一些读书人流落民间，就以个人的身份教书讲学，这就是私学。中国古代私学教育产生于春秋时期，其中以孔子的私学规模最大、影响最深远。私学作为官学的补充，长期存在，尤其是魏晋南北朝近400年间，长期处于分裂和战乱状态，官学受到破坏，教育事业的延续主要是依靠私学。私学作为由私人或民间团体开办的学校，在许多方面与官学不同。私学的教育经费基本为

---

① 学在官府，是西周教育的显著特点。是对西周教育制度的高度概括，也是中国奴隶社会教育制度的重要特征。学术和教育为官方所把持，国家有文字记录的法规、典籍文献以及祭祀典礼的礼器全部掌握在官府。

自筹，但也接受官方资助。早期私学的教师主要是平民学者，后期有许多科举没考上的人选择教书谋生，这是私学教师特别是儿童启蒙教师的主要来源。私学的"有教无类"冲破了种族、地域和阶级界限，使得平民受教育的机会显著增加，而且私学是专门的教育场所，打破了官员和老师合一的官学教育体制，使教育成为一种独立的活动。

二、书院

书院是中国古代独立于官学之外的民间学术研究和教育机构，是私人或官府所设的传授知识、研究学问，或者学者以文会友的场所。书院最早出现在唐朝，分官私两类。官立书院最初是为官方编书、校书或偶尔为皇帝讲经的场所。唐朝灭亡后，中国进入"五代十国"的分裂时期，官学受到破坏，民间开始出现一批私人创办的书院。真正招收学生讲授知识的私人书院在五代末期才基本形成，主要培养学生参加科举考试。而书院最兴盛的时期是在宋朝。宋朝初期，国家忙于征战顾不上文化教育，也缺乏财力兴办足够多的学校满足各地读书人的要求。因此，各地学者和地方官吏，纷纷兴建书院，以培育人才。宋朝政府也通过赐书、赐匾等使书院合法化的形式来支持其发展，使书院暂时成为官学的替代机构。书院一般建在风景优美的名山上，或寺院的旧址上，以便学生静心读书。

书院提倡自由讲学，教学和研究相结合，学术风气浓厚，强调学生读书要自学，老师重视对学生自修的指导，有力地推动了教育和学术的发展。书院强调道德与学问同步提高，要求学生读儒家经典，也注重藏书。书院藏书是中国古代藏书中的一种重要类型，与官府藏书、私人藏书、寺院藏书一起，并称为中国古代藏书事业的四大支柱。著名的应天府书院，成立时就藏书千卷。

中国书院源于唐，盛于宋，衰亡于清末，存在上千年，是中国封建社会特有的一种教育组织，它对中国封建社会学术文化的发展、人才的培养，曾起过巨大的推进作用。而随着中国文化的向外传播，书院制度也传到国外，如朝鲜半岛，历史上曾有过六百七十所书院，印度尼西亚的明诚书院、马来西亚的五福书院、新加坡的萃英书院、意大利的圣家书院、美国旧金山的大清书院等都很有名。

三、中国古代教育家

中国古代有很多杰出的教育家，他们的教育思想至今仍在发挥着重要的影响，其中主要代表人物有：

孔子(公元前551—公元前479)：春秋时期教育家、思想家、儒家学派创始人。他是世界上最早采用因材施教的人，也是最早提出有教无类、启发式教学的教育家，他学而不厌、诲人不倦的教学精神和学思并重、举一反三的教学原则及不耻下问、温故知新的学习态度至今仍为人所称道和沿用。

孟子(公元前371—公元前289)：战国时期的教育家、思想家。孟子继承和发展了孔子的教育思想。他提出性善论，认为教育是保存和扩充人的善性的决定力量。人要主动自觉学习，学习要循序渐进，要专心致志。

墨子(公元前479—公元前381?)：战国时期的教育家、思想家。墨子注重文史知识的积淀、逻辑思维能力的培养、实用技术的训练，认为教育的目的是为社会培养人才。

荀子(公元前325—公元前238)：战国时期的文学家、思想家。他提出学习要联系实际，要学以致用，学习态度要专一、坚持。他认为国家要兴旺发达，必须重视教师。他认为做教师要具备四个条件：有尊严、有威信、有丰富的经验和高尚的信仰。

董仲舒(公元前179—公元前104)：西汉思想家、政治家、教育家。董仲舒主张建立太学，以促进学校教育的发展。主张以儒家《六经》为教材，重视德育，要求教师要以身作则，因材施教，遵循教育规律。

朱熹(1130—1200)：南宋思想家、教育家。朱熹重视家庭教育与小学教育。他认为教师的任务是指引学生立志、读书，应严格要求学生。学习要从理论上认真研究学问，还要在生活中践行，做到知行合一。

四、中国近现代教育

19世纪40年代，第一次鸦片战争爆发，西方列强打开了中国的大门，为了传教，西方传教士在中国创办了一系列的新式教会学校，并且资助中国学生赴美留学，中国开始向西方学习，新式教育也在逐渐发展。19世纪60年代，清政府开始了"自强""求富"的道路，以张之洞提出的"中体西用"为教育思想，洋务派创办了外国语学堂，以英语为主要教学内容，代表性的学堂是京师同文馆，它是中国最早的官办新式学堂。1902年，京师同文馆并入京师大学堂，1912年成为北京大学。

20世纪初，中国出现一批爱国知识分子和教育家，他们主张废除科举制度，重视女子教育，重视儿童教育，提倡教育公平。1912年，参考日本学制，公布了新学制系统，规定了义务教育性质，初等、高等小学的年限。民国时期以蔡元培改造北京大学的教育实践最为著名，提出了"五育并举"的教育方针。新文化运动时期陈独秀、李大钊在中国传播马克思主义教育思想，积极探索改造中国教育和中国社会之路。

1949年新中国成立后第一部宪法就规定："中华人民共和国公民有受教育的权利。国家设立并且逐步扩大各种学校和其他文化教育机关，以保证公民享受这种权利。"这是新中国第一次以法律形式规定公民受教育权。中国开始大力发展教育，逐步形成比较完整的国民教育体系，大中小学教育及成人教育初具规模，全日制教育、业余教育和半工半读教育共同发展。1986年的《义务教育法》规定儿童和少年必须接受九年的义务教育，并且在立法上把残疾儿童列为义务教育的对象。1995年，科教兴国战略全面启动实施，先后启动"211工程"[①]和"985工程"[②]，实施高校扩招。为了促进教育公平，农村义务教育学生最先免收学杂费，提供免费教科书和贫困寄宿生补贴。这一系列教育举措的实施，使得中国的国民受教育程度大幅提高，从1949年的80%的人口是文盲，到2021年中国劳动年龄人口平均受教育年限已达到10.9年。中国还大力开展国际间教育交流活动，教育现代化加速推进，教育的国际影响力加快提升，2009年中国已经成为世界上最大的留学生生源国，2020年成为世界第二的留学目的国。据统计，截至2018年年底，中国出国留学人员累计达到585万人。仅2020年，中国招收的外国留学生就达到13.6万人。

---

① 211工程(211 Project)：是指面向21世纪、重点建设100所左右的高等学校和一批重点学科的建设工程，是中国政府实施"科教兴国"战略的重大举措。于1995年11月正式启动。

② 985工程(Project 985)：是1998年5月提出的中国为建设具有世界先进水平的一流大学而做出的重大决策。获批建设的"985工程"高校总计39所。2019年，中国已将"211工程"和"985工程"统一为"世界一流大学和一流学科"建设，简称"双一流"。

☞重要生词

1. 传授	chuánshòu	teach
2. 官学	guānxué	official education
3. 私学	sīxué	private school
4. 阶级	jiējí	class
5. 分化	fēnhuà	differentiation
6. 自筹	zìchóu	raise independently
7. 资助	zīzhù	patronage
8. 启蒙	qǐméng	initiation
9. 有教无类	yǒujiàowúlèi	make no social distinctions in teaching
10. 因材施教	yīncáishījiào	teach students in accordance with their aptitude
11. 学而不厌	xué'érbúyàn	never tire of learning
12. 诲人不倦	huìrénbújuàn	be tireless in teaching others
13. 不耻下问	bùchǐxiàwèn	not feel ashamed to ask and learn from one's subordinates
14. 温故知新	wēngùzhīxīn	gain new insights through restudying old material
15. 循序渐进	xúnxùjiànjìn	proceed in an orderly way and step by step
16. 专心致志	zhuānxīnzhìzhì	devote oneself heart and soul to
17. 积淀	jīdiàn	accumulation
18. 以身作则	yǐshēnzuòzé	make oneself an example
19. 知行合一	zhīxínghéyī	unity of knowledge and practice
20. 补贴	bǔtiē	subsidy
21. 举措	jǔcuò	measures

☞专有名词

1. 太学	Tàixué	Imperial College
2. 国子监	Guózǐjiān	Imperial College
3. 弘文馆	Hóngwén guǎn	Hongwen Hall
4. 崇文馆	Chóngwén guǎn	Chongwen Hall
5. 宗学	Zōngxué	school established for members of the royal household
6. 旗学	Qíxué	The general name of the Eight Banner Children's School in the Qing Dynasty
7. 应天府书院	Yìngtiānfǔ shūyuàn	Yingtianfu Academy
8. 明诚书院	Míngchéng shūyuàn	Mingcheng Academy
9. 五福书院	Wǔfú shūyuàn	Wufu Academy

10.	萃英书院	Cuìyīng shūyuàn	Cuiying Academy
11.	圣家书院	Shèngjiā shūyuàn	Shengjia Academy
12.	旧金山	Jiùjīnshān	San Francisco
13.	大清书院	Dàqīng shūyuàn	Qing Academy
14.	性善论	Xìngshànlùn	Theory of good nature
15.	中体西用	Zhōngtǐxīyòng	Chinese essence and Western utility
16.	洋务派	Yángwùpài	Westernization Faction
17.	京师同文馆	Jīngshī Tóngwénguǎn	The School of Combined Learning
18.	京师大学堂	Jīngshī Dàxuétáng	the Imperial University of Peking
19.	义务教育	Yìwùjiàoyù	compulsory education
20.	五育并举	Wǔyùbìngjǔ	Simultaneous Development of Five Kinds of Education

☞综合注释

一、贵族学校是专门招收皇室近亲及宰相大臣的子孙读书的学校，如唐朝的弘文馆、崇文馆，宋代的宗学，清代的旗学，都属于这一类型。

如×、×、×、×……　表示对前面提到内容的列举。

例如：

1. 我很爱吃水果，如苹果、香蕉、橘子、葡萄。

2. 我去过中国很多地方旅游，如北京、上海、长沙、苏州。

◆ 练一练：完成下列句子。

(1)我很喜欢中国的教育家，如＿＿＿＿＿＿＿＿。

(2)我去过北京，因为那里有很多我喜欢的旅游景点，如＿＿＿＿＿＿＿。

二、书院藏书是中国古代藏书中的一种重要类型，与官府藏书、私人藏书、寺院藏书一起，并称为中国古代藏书事业的四大支柱。

"并称为"指两种或两种以上的事物合在一起成为。例如：

1. 中国的戏曲与希腊悲剧和喜剧、印度梵剧并称为世界三大古老的戏剧文化。

2. 有人把中国的网络文学和美国的好莱坞电影、日本的动漫、韩国的电视剧，并称为当代世界的四大文化奇观。

◆ 练一练：用"并称为"改写下列句子。

(1)清明节与春节、端午节、中秋节是中国四大传统节日。

＿＿＿＿＿＿＿＿＿＿＿＿＿＿＿＿＿＿＿＿＿＿＿＿＿＿。

(2)洛阳、西安、南京、北京是中国四大古都。

＿＿＿＿＿＿＿＿＿＿＿＿＿＿＿＿＿＿＿＿＿＿＿＿＿＿。

☞**综合练习**

一、用所给的词语造句。

（1）因材施教：

（2）诲人不倦：

（3）不耻下问：

（4）温故知新：

（5）循序渐进：

（6）专心致志：

二、选择合适的词语填空。

（1）遵循　　遵守　　遵照　　遵从　　遵纪

A. _____指示，警察在展览会期间警戒小偷。

B. 比赛者应该_____场上规则。

C. 我们应当_____医生的要求。

D. 我们应_____客观规律办事。

E. 各部队要严格检查官兵群众纪律，树立_____爱民的良好形象。

（2）传播　　传达　　传承　　传染　　传授

A. 他们把技术知识毫无保留地_____给了我们。

B. 接种疫苗对预防_____病肯定有好处。

C. _____流言蜚语是可恶的。

D. 成语_____着伟大的民族精神。

三、用括号里的词语完成句子。

（1）中国历经千年，_____。（独立）

（2）南京这座城市历史文化悠久，_____。（积淀）

（3）中国出现的一批爱国知识分子和教育家，_____。（废除）

（4）为了实施高校扩招，_____。（启动）

（5）随着中国与国际间的交流与合作增多，_____。（提升）

四、根据课文内容，回答问题。

（1）为什么会出现教育？

（2）中国古代教育家主要代表人物有哪些？

（3）中国成为世界上最大留学生生源国的原因有哪些？

五、写作。

《中国教育现代化2035》提出了教育发展目标与中国的发展现状，请查阅相关资料，谈谈你对中国教育现代化历史发展脉络和未来发展的看法。

☞拓展阅读

中国古代四大书院

中国古人讲求诗礼传家，无论哪朝哪代，都把读书看作一等一的大事，于是在千百年的历史流转中，承载着文明和思想火花的"四大书院"也应运而生。

一、岳麓书院

岳麓书院位于湖南省长沙市岳麓山，是中国古代四大书院之一，始建于北宋开宝九年（976年），历经宋、元、明、清各个朝代，到晚清（1903年）改为湖南高等学堂，至今仍为湖南大学下属的办学机构，历史已超千年，是世所罕见的"千年学府"。1988年被国务院批准为第三批全国重点文物保护单位，为岳麓山风景名胜区重要观光点。

北宋开宝九年（公元976年），潭州太守朱洞在岳麓山正式建立起了岳麓书院。北宋年间，岳麓书院进入了鼎盛时期。公元1015年，宋真宗召见山长周式，对他的办学非常赞赏，亲笔写下"岳麓书院"的匾额，现在书院保存的明代"岳麓书院"刻石，就是当年宋真宗的手迹。在周式的管理下，岳麓书院的学生人数和建筑规模都有很大发展，成为天下四大书院之一。

岳麓书院

二、白鹿洞书院

白鹿洞书院位于江西九江市的庐山，被称为"海内第一书院"。始建于南唐升元年间

（940年），是中国首个完备的书院，又称"白鹿国学"，是中国历史上第一个由政府于都城之外设立的国学。

宋初，九江人兴建白鹿洞书院，宋太祖赵匡胤下令将《九经》等书赐予白鹿洞书院，书院的知名度大增，被尊为天下四大书院之一。公元1054年，白鹿洞书院毁于战火，学生纷纷离去，校舍逐渐倒塌，书院不久就停办了，从此荒废百年。到了南宋，理学开始兴盛，各地纷纷复兴书院。理学家朱熹重建白鹿洞书院，并亲自讲学，确定了白鹿洞书院的办学规则和宗旨，并上奏朝廷，请赐匾额，一时名声大振，成为宋末至清初数百年来中国一个重要的文化摇篮。

白鹿洞书院

三、石鼓书院

石鼓书院位于湖南省衡阳市的石鼓山。书院始建于唐元和五年(810年)，至今已有1200年的历史。宋代太平兴国二年(978年)，宋太宗赵匡义赐予"石鼓书院"的匾额和学田。公元997年，书院重修、广招学生，石鼓书院至此成为正式的书院。公元1035年，宋仁宗再次赐匾额"石鼓书院"。由于先后两次被皇帝赐匾额，成为当时与应天、岳麓、白鹿洞齐名的四大书院，石鼓书院步入鼎盛时期。苏轼、周敦颐等许多名流到这里讲学。1939年，石鼓书院被侵华的日军战机炸毁，2006年按清代建筑格局进行了重建。

石鼓书院

四、应天书院

应天书院又称睢阳书院，原址位于河南省商丘县，是中国四大书院之一。

书院历史最早追溯到五代的后晋，当时为睢阳学舍。北宋初期，实行开科取士，睢阳学舍的学生参加科举考试，考上的达到五六十人。读书人不远千里慕名而来，睢阳学舍逐渐形成了一个学术文化交流与教育中心，人才辈出。公元 1126 年，金兵进兵南宋，应天书院被毁，学生纷纷南迁，应天书院就没落了。历朝多次重修书院，也没有成功，今天应天书院只剩下残存的建筑，供人瞻仰。

应天书院

◎ 思考:

(1)谈谈书院在中国教育史上的作用。

(2)世界上还有哪些国家也有类似中国书院的办学机构？你所在的国家有哪些著名的教育机构？

第十五章　中国的物产与名胜

☞**知识导读**

中国国土辽阔，山河壮丽，物产丰富，历史文化悠久，五千年的文明留下了景色迷人、数量繁多的名胜古迹。

☞**课文精读**

一、中国的自然资源

中国有广阔的陆地和海洋，气候多样，物种丰富，自然资源多种多样，如煤炭、天然气、石油、矿产、中草药等。

1. 土地资源

中国是世界上国土面积广阔的国家，陆地面积960万平方公里，位居世界第三。中国土地资源绝对数量大，但人均占有少；中国土地资源类型复杂多样，草原多，约占全国土地总面积的37.4%；、耕地少，约占10.4%；林地比例小，约占12.7%；难利用土地比例大，沙漠、戈壁、高寒荒山、石山、冰川和永久积雪等约占20.5%。中国的土地资源中，除现有草地、耕地和林地外，中国还有大量荒山荒地、草山草坡可以进一步开发利用。

2. 水资源

中国的淡水资源总量为28000亿立方米，仅次于巴西、俄罗斯和加拿大，位居世界第四。但是，中国的人均水资源量只有2300立方米，仅为世界平均水平的1/4，是全球人均水资源贫乏的国家。中国从20世纪70年代以来就开始闹水荒，形势越来越严重，据统计，中国600多座城市中，已有400多个城市存在供水不足问题，其中比较严重的缺水城市有110个。中国属于季风气候，水资源分布不均匀，北方地区的国土面积占全国的63.5%，但水资源仅占全国总量的19%，长江及其以南地区集中了全国水资源量的81%，而该地区耕地面积仅占全国的36.5%，由此形成了南方水多、耕地少、水量有余，北方耕地多、水量不足的局面。此外大部分地区60%~80%的降水量集中在夏季和秋季，导致洪涝灾害频繁。据监测，中国多数城市地下水受到一定程度的污染。日趋严重的水污染进一步加剧了水资源短缺的矛盾，严重威胁到城市居民的饮水安全和人民群众的健康。

3. 森林资源

根据2018年完成的第九次中国森林资源调查结果，中国森林覆盖率22.96%，森林面积2.2亿公顷，其中人工林面积7954万公顷、继续保持世界首位。中国森林资源呈现出数量持续增加、质量稳步提升、功能不断增强的发展趋势。中国森林资源虽然总量位居世界前列，但人均占有量少。《2015全球森林资源评估报告》指出，中国森林面积占世界森林面积的 5.51%，排在俄罗斯、巴西、加拿大、美国之后，位居世界第五；中国人均森林面积 0.16 公顷，不足世界人均森林面积的 1/3。中国森林类型多样，树种资源丰富，现有乔木(arbor)树种 2000 余种。中国是世界上竹类分布最广、资源最多、利用最早的国家之一，有"竹子王国"之称。

4. 矿产资源

中国地质多种多样，矿产资源丰富。中国现已发现 171 种矿产资源，已查明资源储量的有 157 种，其中石油、天然气、煤、地热等能源矿产 10 种，铁、铜、锌等金属矿产 54 种，石墨、磷、硫等非金属矿产 91 种，地下水、矿泉水等水气矿产 3 种。在已经探明储量的矿产资源中，煤、铁、锌、铜、稀土等的探明储量居世界前列。中国矿产资源虽然门类比较丰富，部分矿产储量居世界前列，但人均占有量仅为世界人均占有量的 58%，居世界第 53 位。中国能够保障自给自足需求的矿产只有 26 种。因地形特点和地质条件不同，导致中国矿产资源分布不均：煤炭、石油等能源主要分布在北方地区；铁主要分布在辽宁、河北和四川；硫和磷、有色金属的 70% 以上都集中分布在南方。

5. 植物资源

中国气候多样，是世界上植物资源丰富的国家。植被种类丰富，有热带雨林、各种阔叶林、各种针叶林、草原、灌木丛等植被类型。

中国植物种类多，据统计，有种子植物 300 个科、2980 个属、24600 个种。其中被子植物 2946 属，占世界被子植物总属的 23.6%。种子植物在寒带、温带、热带都广泛存在，中国的种类比全欧洲都要多。中国珍稀特有植物也很多，如水杉(metasequoia)、银杏(Ginkgo biloba L.)、珙桐(Davidia involucrata)等，世界上其他地区已经灭绝或相当稀有，但在中国还大量存在。此外，还有各种人工栽培植物：蔬菜植物 80 多种，果品植物 300 多种，油脂植物 600 多种，用材林木 1000 多种，药用植物 4000 多种。

水杉

6. 动物资源

中国也是世界上动物资源丰富的国家。中国动物种类十分丰富，初步统计，无脊椎动物约有 17 万种，鱼类约 2400 种，两栖爬行动物约 500 种，鸟类 1186 种，哺乳动物 430

种。其中，还有一些动物是中国所独有的，如大熊猫、金丝猴、白鳍豚、丹顶鹤、扬子鳄等。中国国宝大熊猫在地球上已有400万年的历史，目前仅分布在中国的四川、甘肃和陕西交界的山区，非常珍贵。

大熊猫

二、中国的名胜古迹

中国在五千多年的历史长河中，留下了许多令世界叹为观止的名胜古迹，包括自然景观、历史建筑、人文景观和文物古迹等方面。万里长城、北京故宫、西安兵马俑等都是世界闻名的风景名胜。

1. 万里长城

万里长城是中国古代的第一军事工程，也是世界上最大的军事设施。长城是一道连绵不断的、坚固的高墙，用来抵抗敌军的进攻。它始建于西周、春秋战国时期，后来秦始皇把各个诸侯国建立的长城连接起来，汉朝、明朝也在原有的长城上，大规模修建和维护。今天我们看到的长城，主要是明朝修建的，它东起辽宁省的山海关，西到甘肃省的嘉峪关，全长6700公里。长城是中华民族的象征，标志着中华民族的意志、团结与力量。1987年，长城被列为世界文化遗产。

万里长城

2. 北京故宫

北京故宫，原名紫禁城，是明清两代 24 位皇帝的皇宫。故宫是世界上现存最大最完整的古代宫殿建筑群，与法国凡尔赛宫、英国白金汉宫、美国白宫、俄罗斯克里姆林宫并称为世界五大宫。故宫建筑在北京城的中轴线上，南北笔直，左右对称，它占地 72 万平方米，建筑面积 15 万平方米，用 100 万民工，修建了 14 年，据说有房屋 9999 间半，现存房屋 8000 多间。1925 年故宫成为故宫博物院，1987 年被列为世界文化遗产，世界遗产组织对故宫的评价是："紫禁城是中国五个多世纪以来的最高权力中心，它以园林景观和容纳了家具及工艺品的 9000 个房间的庞大建筑群，成为明清时代中国文明无价的历史见证。"

故宫

3. 秦始皇兵马俑

秦始皇陵兵马俑博物馆位于西安市郊秦始皇陵①以东约 1.5 公里处，又称兵马俑、秦兵马俑，是秦始皇陵的陪葬坑。这里出土了一千多个制成战车、战马、士兵形状的陶制陪葬品，即兵马俑。他们表情姿态服饰各不相同，是中国古代艺术史上的一颗明珠，被誉为"二十世纪考古史上的伟大发现之一"，又被称为"世界第八大奇迹"。1987 年，秦始皇陵及兵马俑坑被联合国教科文组织列入《世界遗产名录》，先后有 200 多位外国领导人参观访问并高度赞扬与评价兵马俑，兵马俑成为中国古代灿烂文明的名片。

兵马俑

---

① 秦始皇陵：中国历史上第一位皇帝嬴政(前 259—前 210)的陵墓，建于公元前 247 年至公元前 208 年，历时 39 年，是中国历史上第一座规模庞大，设计完善的帝王陵墓。

4. 杭州西湖

杭州西湖位于浙江省杭州市。西湖以一山、二塔、三岛、三堤、五湖为基本格局，西湖及周边有 100 多个公园景点、60 多个文物保护单位和 20 多个博物馆，自然风光与人文景观相互映衬，美不胜收，被称为"人间天堂"。人民币壹圆纸币背面的三潭印月，就是西湖十景之一。西湖有美丽的湖光山色，也有深厚的人文底蕴，历代文人在西湖留下了很多著名诗篇，许仙与白娘子①的传奇故事更使西湖增添了神秘色彩。2011 年，"杭州西湖文化景观"被列入《世界遗产名录》。

5. 苏州园林

苏州园林位于江苏省苏州市，始建于春秋时期，到清朝末年苏州已有各种园林 170 多个，现保存完整的有 60 多个，主要有沧浪亭、狮子林、拙政园、留园、网师园等。苏州园林是中国园林的杰出代表，享有"江南园林甲天下，苏州园林甲江南"的美誉。苏州园林把住宅和庭院合为一体，既可以居住，又可以观赏游玩，在人口密集和缺乏自然风光的城市，这种创造性的建筑形态，使人与自然和谐相处，实用又美观。1997 年，拙政园、留园、网师园和环秀山庄被列入世界文化遗产名录；2000 年，沧浪亭、狮子林等也被列为世界文化遗产。

苏州园林

6. 安徽黄山

黄山位于安徽省黄山市，是中国著名风景区，有"天下第一奇山"之称，"五岳归来不看山，黄山归来不看岳"，体现了黄山在众山之中的地位。奇松、怪石、云海、温泉被称为黄山"四绝"。1990 年，黄山被联合国教科文组织列入《世界文化与自然遗产名录》；2004 年，又被其公布为世界地质公园。世界遗产委员会对黄山的评价是："黄山以其壮丽的景色——生长在花岗岩石上的奇松和浮现在云海中的怪石而著称，对于从四面八方来到

---

① 许仙与白娘子：《白蛇传》中的男主角与女主角，《白蛇传》描述的是一个修炼成人形的蛇精与人的曲折爱情故事。

这个风景胜地的游客、诗人、画家和摄影家而言，黄山具有永恒的魅力。"

黄山

7. 长江三峡

长江三峡是中国十大名胜古迹之一。长江三峡西起重庆的白帝城，东到湖北宜昌，是瞿塘峡、巫峡和西陵峡三段峡谷的总称，沿途两岸山峰重叠，风景秀美，有"四百里天然立体画廊"之称。第五套人民币 10 元纸币背面的风景图案就是长江三峡。1994 年中国在三峡宜昌段开始兴建三峡工程，2009 年全部完工，三峡工程是世界上规模最大的水电站，集防洪、发电和航运三大功能于一身，也成为新的旅游景点。

长江三峡

8. 桂林山水

桂林位于广西东北部，它是中国山水的代表，享有"桂林山水甲天下"的美誉。桂林有独特的喀斯特地貌，形成众多奇形怪状的石头和溶洞；是世界最大的岩溶山水风景区。桂林的漓江山清水秀，两岸的田园风光美丽迷人，形成了独具一格、驰名中外的"山青、水秀、洞奇、石美"的"桂林山水",第五套人民币 20 元纸币背面的风景图案就是桂林山水。2014 年,桂林山水被列入世界自然遗产名录。

桂林山水

9. 台湾日月潭

日月潭是中国宝岛台湾的"天池",是台湾最大的天然淡水湖泊,也是全国少数著名的高山湖泊之一,因为岛东北圆圆的像太阳,岛西南弯弯的像月亮,所以叫"日月潭"。湖周围都是青山,湖水清澈,湖中有小岛,非常美丽。

日月潭

10. 承德避暑山庄

承德避暑山庄位于河北省承德市,是清代皇帝夏天避暑和处理政务的场所。避暑山庄距离北京 230 公里,始建于 1703 年,历经清朝三代皇帝,耗时 89 年建成。山庄占地 10 万平方米,有皇帝宫室、皇家园林和壮观的寺庙群。1994 年列入《世界遗产名录》。

承德避暑山庄

☞重要生词

1.	煤炭	méitàn	coal
2.	天然气	tiānránqì	natural gas
3.	石油	shíyóu	petroleum
4.	矿产	kuàngchǎn	mineral products
5.	戈壁	gēbì	gobi
6.	贫乏	pínfá	poverty
7.	水荒	shuǐhuāng	water shortage
8.	季风气候	jìfēng qìhòu	moonsoon climate
9.	洪涝	hónglào	flood
10.	人工林	réngōnglín	man-made forest
11.	评估	pínggū	assess
12.	树种	shùzhǒng	tree species
13.	地热	dìrè	terrestrial heat
14.	非金属	fēijīnshǔ	nonmetal
15.	水气矿产	shuǐqì kuàngchǎn	groundwater and gas minerals
16.	稀土	xītǔ	rare earth
17.	自给自足	zìjǐzìzú	self-sufficiency
18.	有色金属	yǒusè jīnshǔ	nonferrous metals
19.	植被	zhíbèi	vegetation
20.	热带雨林	rèdài yǔlín	tropical rain forest
21.	阔叶林	kuòyèlín	broad-leaved forest
22.	针叶林	zhēnyèlín	coniferous forest
23.	被子植物	bèizǐ zhíwù	angiosperm

24. 栽培	*zāipéi*	cultivation
25. 无脊椎动物	*wújǐzhuī dòngwù*	invertebrate
26. 两栖爬行动物	*liǎngqīpáxíng dòngwù*	amphibious reptile
27. 哺乳动物	*bǔrǔ dòngwù*	mammal
28. 兵马俑	*bīngmǎyǒng*	The Terra Cotta Warriors
29. 世界文化遗产	*shìjiè wénhuà yíchǎn*	world cultural heritage
30. 中轴线	*zhōngzhóuxiàn*	central axis
31. 市郊	*shìjiāo*	suburb
32. 陪葬	*péizàng*	buried with the dead
33. 花岗岩	*huāgāngyán*	granite
34. 水电站	*shuǐdiànzhàn*	hydropower station
35. 清澈	*qīngchè*	limpid

☞ 专有名词

1. 白鳍豚	*báiqítún*	white-flag dolphin
2. 丹顶鹤	*dāndǐnghè*	red-crowned crane
3. 扬子鳄	*yángzǐè*	Chinese alligator
4. 山海关	*Shānhǎiguān*	Shanhai Pass
5. 嘉峪关	*Jiāyùguān*	Jiayuguan
6. 紫禁城	*Zǐjìnchéng*	The Forbidden City
7. 凡尔赛宫	*Fáněrsàigōng*	Versailles
8. 白金汉宫	*Báijīnhàngōng*	Buckingham Palace
9. 白宫	*Báigōng*	White House
10. 克里姆林宫	*Kèlǐmǔlíngōng*	The Kremlin
11. 三潭印月	*Sāntányìnyuè*	Three Pools Mirroring the Moon
12. 沧浪亭	*Cānglàngtíng*	Canglang Pavilion
13. 狮子林	*Shīzǐlín*	Lion Grove
14. 拙政园	*Zhuózhèngyuán*	Humble Administrator's Garden
15. 留园	*Liúyuán*	Lingering Garden
16. 网师园	*Wǎngshīyuán*	Master of the Nets Garden
17. 环秀山庄	*Huánxiù Shānzhuāng*	Mountain Villa with Embracing Beauty
18. 长江三峡	*Chángjiāng Sānxiá*	Yangtze Gorges
19. 湖北宜昌	*Húběi Yíchāng*	Yichang, Hubei
20. 瞿塘峡	*Qútángxiá*	Qutang Gorge
21. 巫峡	*Wūxiá*	Wu Gorge
22. 西陵峡	*Xīlíngxiá*	Xiling Gorge
23. 漓江	*Líjiāng*	Li Jiang River in Guangxi Zhuang Autonomous Region

| 24. 日月潭 | Rìyuètán | Riyuetan Lake |
| 25. 河北省承德市 | Héběishěng Chéngdéshì | Chengde，Hebei Province |

☞综合注释

一、据统计，中国 600 多座城市中，已有 400 多个城市存在供水不足问题。

"据+V"表示根据某个动作，得出某个结论，例如：

1. 据监测，中国多数城市地下水受到一定程度的污染。

2. 据记载，天主教最早传入中国是在公元 635 年的唐朝。

3. 据有关方面测定，这里的地层每年都在下降。

◆ 练一练：用"据+V."完成下列句子。

(1)_____，江上栖息着一种绿色鸭子，因此把这条江命名为鸭绿江。

(2)_____，截至 2018 年底，中国出国留学人员累计达到 585 万人。

二、中国森林资源呈现出数量持续增加、质量稳步提升、功能不断增强的发展趋势。

"呈现(出)……的 N."表示显出、露出……例如：

1. 中国的饮食口味呈现南甜北咸东酸西辣的特点。

2. 这座新兴的城市到处呈现出一派欣欣向荣的景象。

3. 这些属性不断运化呈现出众多不同的表现状态，从而形成了事物个体的多样性。

◆ 练一练：用"呈现(出)……的 N."完成下列句子。

(1)秋天来了，田野里_____。

(2)游园的人们，脸上_____。

三、三峡工程是世界上规模最大的水电站，集防洪、发电和航运三大功能于一身。

"集……于一身"，表示事物汇集、聚集在一点上，也可说"集于一身"。例如：

1. 比如夏朝，夏王是最高统治者，集军政大权于一身。

2. 舞狮已经成为一种具有观赏性的竞赛运动，是集武术、鼓乐、戏曲于一身的民间艺术形式。

3. 关公几乎是战神、商神、财神集于一身的"万能神"。

◆ 练一练：用"集……于一身"完成下列句子。

(1)她是我们班的佼佼者，_____。

(2)智能手机不断更新换代，_____。

☞综合练习

一、用所给的词语造句。

(1)贫乏：

(2)灭绝：

(3)清澈：

(4)容纳：

(5)映衬：

(6)底蕴：

二、选择合适的词语填空。

(1)坚固　　坚韧　　坚强　　坚持　　坚决

A. 认识到自己的错误，就要_____改正。

B. 他_____不屈勇于拼搏的精神让我很佩服。

C. 爸爸每天早晨_____跑步，锻炼身体。

D. 这座楼房不但_____实用，式样也很美观。

E. 艰苦的生活环境锤炼了我_____不拔的毅力。

(2)保障　　保佑　　保护　　保存　　保留

A. 乞求神佛_____是自欺欺人的愚昧行为。

B. 这些资料要好好_____，将来还有用处。

C. 利用风力发电，既可节约能源，又能_____环境。

D. 在黑暗的旧社会，人们的生活没有一点_____。

E. 这段美好的记忆，将被我们永远_____在彼此的心里。

三、用括号里的词语完成句子。

(1)在园林工人叔叔的指导下，_____。（栽培）

(2)中日两国建交以来，_____。（频繁）

(3)虽然这是一辆大客车，_____。（容纳）

(4)房顶上黄澄澄的玉米棒子，_____。（映衬）

(5)北京历史悠久，_____。（底蕴）

四、根据课文内容，回答问题。

(1)我国水资源短缺的原因有哪些？

(2)长江三峡是由哪三段峡谷组成？

五、写作。

你去过哪些著名的名胜区？对哪儿的印象最深？请写一篇游记，向大家介绍一下那里的景致。

☞**拓展阅读**

中国名胜中的十个"天下第一"

1. 天下第一峰(鼎湖峰)

鼎湖峰位于浙江省,高170.8米,峰形下大上小,顶部面积为710平方米,底部面积为2468平方米,像一根笔直的春笋,景色十分壮观,自古以来就被称为"天下第一峰""天下第一笋"。传说轩辕黄帝在山顶用鼎炼丹,鼎重达千斤,把山峰压成了凹形,下雨积水成了一片湖——鼎湖,轩辕黄帝升天后,这个地方就被人们称为鼎湖峰。

鼎湖峰

2. 天下第一江山(北固山)

北固山位于江苏省镇江市,北固山的主峰是悬崖峭壁,一边背靠长江,地势险要,风景秀丽。山顶上风景最好的地方建有闻名中外的甘露寺。梁武帝曾登临北固山,在山壁上写下"天下第一江山"几个大字,至今已有1400多年。

3. 天下第一关(山海关)

山海关位于河北省秦皇岛市,是万里长城的起点,东南面临大海,西北背靠燕山山脉,中间只有片狭长的平原,因此是华北平原与东北平原之间最重要的一条通道。山海关城墙高14米,厚7米,长4公里,在整个长城的所有关口中,它的规模只有西端的嘉峪关可与之相比。这里有险峻的山,有宽广的海,有雄伟的关,自然风景与人文历史融为一体,因此命名为山海关,城楼有题词"天下第一关"。

4. 天下第一佛(乐山大佛)

乐山大佛位于四川省乐山市,又名凌云大佛,是弥勒佛坐像,高71米,是世界最大的佛像。在古代,岷江、青衣江、大渡河三江汇聚到凌云山,水势非常凶猛,常常冲翻来往船只,造成船毁人亡的悲剧。有一位海通禅师见此情景,为了减缓水势,普度众生,于是招集人力、物力,依山开凿了这座大佛,前后共历时约九十年才完成。

乐山大佛

5. 天下第一洞天(王屋山)

王屋山位于河南省济源市,一说"山中有洞,深不可入,洞中如王者之宫,故名曰王屋也"。王屋山是道教十大洞天之首,也是传说故事中愚公的故乡,《愚公移山》的故事就发生在这里。

6. 天下第一石窟(敦煌石窟)

敦煌石窟位于甘肃省敦煌地区,敦煌石窟是这一带几座石窟的总称,包括敦煌莫高窟、西千佛洞、东千佛洞、安西榆林窟及肃北蒙古族自治县五个庙石窟等。现存洞岩492个,窟内佛像2000多尊,壁画超过45000平方米,是世界上现存最大的佛教艺术宝库。

敦煌壁画

7. 天下第一古刹(白马寺)

白马寺位于河南省洛阳市，始建于东汉年间，是佛教传入中国后兴建的第一座官办寺院，至今已有1900多年的历史，有中国佛教的"祖庭"和"释源"之称。白马寺整个寺庙坐北朝南，是一个长方形院落，主要建筑有天王殿、大佛殿、大雄宝殿、接引殿等。寺内保存了大量元代干漆造像，如三世佛、十八罗汉、二天将等，十分珍贵。

8. 天下第一山(黄山)

黄山位于安徽省黄山市，是世界文化与自然双重遗产，国家AAAAA级旅游景区。黄山共有72峰，主峰莲花峰海拔1864米，与光明顶、天都峰并称三大黄山主峰。黄山有四绝：奇松、怪石、云海、温泉；三瀑：人字瀑、百丈泉、九龙瀑。明代徐霞客游览黄山时留下了"五岳归来不看山，黄山归来不看岳"的名句。被陈毅将军誉为"天下第一山"。

9. 天下第一洞(织金洞)

织金洞位于贵州省毕节市，被评为"中国最美六大旅游洞穴"之首、"中国十大奇洞"之首，有"黄山归来不看岳，织金洞外无洞天"的美誉。织金洞长6.6公里，最宽处175米，全洞容积达500万立方米，非常巨大；洞中遍布石笋、石柱、石芽等，形成千姿百态的岩溶景观。

10. 天下第一寺(少林寺)

少林寺位于河南省登封市嵩山，始建于北魏时期(公元495年)，是汉传佛教的禅宗祖庭，在中国佛教史上占有重要地位。加上历代少林武僧潜心钻研练习少林功夫，因此名扬天下，素有"天下功夫出少林，少林功夫甲天下"之说。

◎ 思考：

我们都曾去游览名胜古迹，这些名胜古迹都会让我们流连忘返，但是有些人却不注意保护它们。想一想，我们能为保护名胜古迹做些什么？